Heidis

süße Seiten

Backen mit Heidi Bläske

Impressum

Rezeptbearbeitung und Texte	Heidi Bläske
Grafische Gestaltung	Ilona Leitz, Grafik & Konzeption, 76646 Bruchsal
Fotos	Harald, Heidi und Stefan Bläske Ilona Leitz
Druck und Bindung	Druckerei Steinmeier 86738 Deiningen
Verlag	Buchhandlung am Kübelmarkt 76646 Bruchsal
Copyright	Heidi Bläske, Am See 46 76646 Bruchsal
	www.heidis-backbuch.de

4. Auflage April 2010
ISBN-10: 3-89197-009-9
ISBN-13: 978-3-89197-009-6

Vorwort

Wer sich bei uns am Wochenende, vom süßen Duft angezogen, dem Backofen nähert, schaut nicht in die Röhre, sondern meistens auf ein rundes Blech, und vielleicht geht manchem ein Herz auf wie der Hefeteig, wenn man fruchtige Schmetterlinge auf der Linzer Torte flattern sieht oder knusprig braune Mandeln leicht verstreut über saftigen Äpfeln. Manche entdecken dahinter nicht nur die Heizspirale, sondern eine lange Tradition.

Schon in den spärlichen Kriegs- und Nachkriegsjahren hatte meine Oma für ihre Familie immer besondere Leckereien parat. Meine Mutter, die in den 30er Jahren noch das „Haushaltsjahr" absolvieren musste, war mit Leib und Seele Hausfrau und führte die Back- und Kochkunst mit viel Energie und neuen Impulsen fort.

So hatte das Backen von Kuchen und Weihnachtsplätzchen in unserer Familie einen hohen Stellenwert. Einen Sonntag ohne selbstgebackenen Kuchen gab es bei uns zu Hause nicht, ein Familienfest ohne Frankfurter Kranz, Buttercreme-, Obst- und Linzer Torte war nicht auszudenken. Schon als Schulmädchen durfte ich Rezepte ausprobieren, wandelte sie ab, verbesserte, veränderte unsere Kuchen und bin bis heute dieser Tradition treu geblieben.

In den letzten Jahren habe ich alles sehr genau aufgeschrieben: Traditionelle Familienrezepte, die im Bruchsaler Raum gebacken werden, viele Rezepte, die ich selbst kreiert oder verfeinert, sowie originelle Rezepte, die ich von unseren in- und ausländischen Freunden übernommen habe. Bei der Beschreibung der Arbeitsabläufe habe ich viel Sorgfalt verwendet. Für fleißige Kuchenbäcker/innen wäre sicherlich nicht jede Detailbeschreibung notwendig gewesen.

Alle Rezepte wurden von mir mehrfach getestet und von Freunden und Verwandten ausprobiert und nachgebacken. Für Verbesserungsvorschläge war und bin ich jederzeit offen.

Backen ist eine äußerst kreative Tätigkeit. Es gibt vielerlei Möglichkeiten, Kuchen mit Früchten, Nüssen und Glasuren zu variieren, mit Cremes und Mousses zu experimentieren. Wenn eine Torte nicht auf Anhieb zufriedenstellend ausfällt, nicht verzagen. Wichtig ist, dass das Resultat gut schmeckt, appetitlich aussieht und man weiß, was im Kuchen steckt – und dass er mit Liebe gebacken ist.

Mein herzlicher Dank geht an Agnes Kiesel, Jürgen Leitz, Günter Majewski, Christian und Waltrun Weih für Korrekturen, Beratung und Tipps. Ilona Leitz hat für ihre grafische Arbeit besonderen Dank verdient, denn sie brachte das ganze Buch, ich nur die Kuchen in die „Form". Meiner Familie danke ich vor allem für den niemals nachlassenden Heißhunger und dafür, dass sie der Versuchung so lange widerstehen konnte, bis die Kuchen fotografiert waren. Nicht zuletzt danke ich meinem Harald für die Geduld und die Einsätze als „Manager" und persönliche „Kitchen Aid".

Heidi Bläsche

Hefekuchen

Rühr- und Mürbeteigkuchen

Inhaltsverzeichnis

Back-Tipps...

Ei, Ei, Ei ...

- Ein schlechtes Ei verdirbt den ganzen Kuchen! Deshalb stets frische Eier verwenden und einzeln in eine Tasse schlagen, um zu prüfen, ob sie einwandfrei sind. Auch kleine Stückchen von Eierschalen lassen sich aus einer Tasse leichter entfernen.

- Die Rezepte in diesem Backbuch wurden mit Eiern der Gewichtsklasse 2 = 65 - 70 g gebacken.

- Eiweiß muss ohne Eigelbreste in einer absolut fettfreien Schüssel und mit einem sauberen Schneebesen zu Schnee geschlagen werden. Eine Prise Salz zum Schlagen beigefügt macht den Schnee besonders schnittfest.

- Um Salmonellen zu vermeiden, keine rohen Eigelb für Cremes verwenden. Mit Zucker über Wasserdampf geschlagene Eigelb, auf 65° erhitzt, sind völlig unbedenklich. Vorsicht: Eierschaum muss ununterbrochen geschlagen werden, da die Masse sonst schnell gerinnt.

Alles in Butter ?

- Gute Butter und feine Sahne sind als Geschmacksträger unersetzlich!

Kalorienbewusste und Cholesterinfanatiker sollten dies wissen und lieber ein Stück Kuchen weniger essen, als auf die „gute Butter" zu verzichten. Übrigens: Süßrahmbutter hat einen sehr feinen Geschmack und eignet sich besser für leckere Kuchen als Sauerrahmbutter.

- Für Nusskuchen kann anstatt Butter evtl. Margarine verwendet werden, da Nüsse schon viel Fett enthalten und einen feinen Eigengeschmack haben.

Backe, backe Kuchen ...

- Die Kuchen in diesem Buch sind nicht all zu süß, da ich grundsätzlich Zucker sehr sparsam verwende.

- Mehl, Backpulver, Kakao, Zimt und Puderzucker immer frisch gesiebt verwenden.

- Bevor der Teig in eine Backform gefüllt wird, lohnt sich ein kontrollierender Blick auf das Rezept: Sind alle Zutaten im Teig – wunderbar, dann ab in den Ofen. Wurde etwas vergessen, ist der Kuchen jetzt meistens noch zu retten.

- Backergebnisse finde ich bei Ober/Unterhitze am besten. Oft backe ich jedoch gleich zwei Kuchen gleichzeitig und muss deshalb mit Heißluft bzw. Umluft backen: Ein hitzebeständiges Schälchen Wasser auf den Boden des Backofens gestellt, lässt den Kuchen nicht austrocknen. Heißluft grundsätzlich 20 bis 30° weniger einstellen als bei O/U-Hitze und ca. 10 min länger backen.

- Die Backzeit kann nie genau angegeben werden, da jeder Backofen individuell ausgestattet ist.

- Enorme Qualitätsunterschiede und verschiedene Backzeiten der Kuchen ergeben sich auch durch die verwendeten Backformen: Es gibt z.B. Weiß- und Schwarzblech-, Aluminium-, Keramik-, Glas-, teflonbeschichtete oder emaillierte Backformen. Die neuen Emaille-Bleche sind sehr hochwertig, kratz- und schnittfest, gut zu pflegen, haben eine sehr gute Wärmeleitung und bräunen sehr gleichmäßig.

- Backbleche sind die für den jeweiligen Backofen passenden rechteckigen Bleche, ca. 40 x 30 cm.

- Bei Rührkuchen und Biskuits wird mit einer dünnen Stricknadel geprüft, ob der Kuchen durchgebacken ist: Klebt beim Herausziehen der Nadel noch Teig, muss der Kuchen noch ein paar Minuten im Ofen bleiben. Danach erneut mit der sauberen Nadel testen.

- Achtung: Die meisten Kuchen nehmen Zugluft sehr übel. Beim Herausholen des Kuchens aus dem Backofen sollten nicht alle Türen und Fenster offenstehen. Vor allem Käse-, Rühr- und Biskuitkuchen sorgfältig vor Durchzug schützen.

- Beim Plätzchen backen sollten schon deshalb gleich große Teiglinge hergestellt werden, weil sonst bei der kurzen Backzeit sehr unterschiedliche Bräunungsgrade entstehen. Gleich große Plätzchen sehen nicht nur schöner aus, sie backen auch gleichmäßiger.

... kleine Tricks, große Wirkung

Rund ums Garnieren, Dekorieren, Dressieren und Glasieren:

Torten in gleichmäßige Böden schneiden gelingt mit einem scharfen, langen Sägemesser mit feinen Zacken. Noch besser funktioniert es mit einem Zwirnsfaden: Torte ringsum mit einem Messer einritzen, einen Zwirnsfaden in die Kerbe legen und über Kreuz zusammenziehen.

- Buttercreme kann leicht gerinnen, wenn die Zutaten nicht die gleiche Temperatur haben. 20 g erwärmtes Kokosfett darunter gerührt und die Creme ist meistens zu retten.

- Süße Sahne wird gut gekühlt in einer kalten Schüssel langsam angeschlagen und dann erst die Geschwindigkeit gesteigert, bis die Sahne steif ist. Soll Sahnesteif und Zucker zufügt werden, wird dies gemischt unter die angeschlagene, schon etwas cremige Sahne gerührt.

- Schokoröllchen lassen sich ganz leicht selber machen: Gute Schokolade kaufen und mit einem Sparschäler Röllchen ziehen. Das Ergebnis ändert sich mit der Temperatur der Schokolade, bei Zimmertemperatur entstehen weiche, runde Röllchen, gut gekühlt ist die Schokolade ganz fein geraspelt.

- Für größere Schoko-Späne temperierte Kuvertüre dünn auf eine Glas- oder Marmorplatte streichen. Nach dem Erstarren der Schokolade mit einem langen, scharfen Messer oder einem Spatel schöne Späne schaben.

- Für den Schokoladenüberzug muss die Kuvertüre temperiert werden, das geht nicht ohne Thermometer:

1. Methode: Gehackte Schokoladenstückchen über Wasserdampf schmelzen, ohne dass die Schüssel das Wasser berührt. Schokolade auf ca. 40° erwärmen, dann im kalten Wasserbad unter ständigem Rühren abkühlen auf ca. 25°, danach nochmals kurz auf ca. 32° erwärmen.

2. Methode: 2/3 der Schokolade schmelzen wie bei 1. Methode auf 40°, dann 1/3 klein geschnittene Schokolade oder Schokoladenchipse zufügen und verrühren, bis 32° erreicht sind.

- Für Schokoladenblätter eignen sich z.B. Ginkgo, kleine Eichen-, Buchen- oder Efeublätter. Sie werden auf der trockenen, unteren Seite (dekorative Adern) mit dem Pinsel bestrichen. Eintauchen in die Schokolade funktioniert nicht, da sich die Ränder von den Blättern nicht lösen und die Schokolade abbricht.

- Jede Gebäcksorte sollte seine eigene Dose bekommen. Nur so bleibt der Eigengeschmack erhalten und die Plätzchen knusprig bzw. je nach Sorte weich oder feucht.

Abkürzungen:

EL	Esslöffel
TL	Teelöffel
MS	Messerspitze
geh.	gehäufter Löffel
gestr.	gestrichener Löffel
gem.	gemahlen
g	Gramm
kg	Kilogramm
cm	Zentimeter
l	Liter
ml	Milliliter
sec	Sekunden
min	Minuten
Std	Stunden
P.	Päckchen
ø	Durchmesser
180°	180 Grad Celsius
O/U-Hitze	Ober- und Unterhitze

Bedeutung der Schneebesen:

schnell und einfach herzustellen

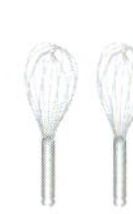
etwas aufwendig, aber nicht schwierig

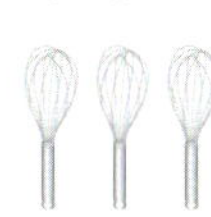
aufwendig, erfordert Zeit und Können

Grundrezept:
500 g Mehl
1/4 l lauwarme Milch
50 g Zucker
42 g Hefe (1 Würfel)
50 g weiche Butter
1 Ei
1/2 TL Salz
evtl. 1 P. Vanille-Zucker
oder
abgeriebene Zitronenschale

Grundrezept für Bienenstich:
100 g Butter
100 g Zucker
1 gestr. TL Zimt
2 EL Honig
200 g Mandelblättchen
4 EL Sahne

Grundrezept für Streusel:
200 g Mehl
125 g Zucker
1 TL gestr. Zimt
125 g Butter

Eigelb/Milch-Glasur:
1 Eigelb
1 EL Milch

Puderzucker-Glasur:
1 Eiweiß
250 g Puderzucker

Aprikosen-Glasur:
1 Eiweiß
Aprikosenmarmelade

Hefeteig Grundrezept

– vielseitig und immer lecker

Mehl in eine Schüssel (Küchenmaschine) sieben, 25 g des Zucker zufügen. Den Rest Zucker mit der zerkrümelten Hefe und 1/8 l lauwarmer Milch in einer kleineren Schüssel mischen und in die Mulde des Mehles füllen. Wenn sich die Hefemischung verdoppelt hat, die restlichen Zutaten zufügen und mit dem Knethaken kräftig durcharbeiten, bis sich der Teig von der Schüssel löst. Dann den Teig wieder gehen lassen, bis er sich verdoppelt hat. Nochmals durch-

Blechkuchen

Diese Kuchen sind eine sehr feine, saftige Spezialität, die am besten ganz frisch gebacken schmecken! Ein Grundrezept Hefeteig reicht für ein Backblech.

Backen: *Vorgeheizt, O/U-Hitze 210°, ca. 20-30 min, mittlere Schiene*

Bienenstich:

Hefeteig auf dem Backblech auswellen, mit der Gabel mehrmals einstechen. Butter, Zucker, Zimt und Honig im Topf erhitzen, Mandeln und Sahne zufügen, dann abkühlen lassen. Die lauwarme Masse über den Hefeteig verteilen und nochmals ca. 15 min gehen lassen.

Als Füllung eignet sich vortrefflich Vanillecreme (Rezept Seite 86 unten).

Streuselkuchen:

Hefeteig auf dem Backblech auswellen. Mit der Gabel mehrmals einstechen. Marmelade auf den Kuchen streichen und Streusel darüberstreuen.

Für die Streusel Mehl, Zucker und Zimt mit dem Schneebesen der Küchenmaschine mischen und die lauwarme Butter zufügen, kurz bröselig rühren.

Obst-Blechkuchen:

Für Obst-Blechkuchen nehme ich 1300 g fertig zubereitete Früchte aber nur ca. 2/3 des Grundrezeptes vom Hefeteig, Restteig reicht für ein kleines rundes Blech für Käsekuchen (Rezept Seite 46) oder für Hefetierchen.

Rhabarber-Blechkuchen:

300 g Schmand mit 2 EL Zucker, 1 gestr. EL Vanille-Puddingpulver und 1 Ei verquirlen und auf den Hefeboden streichen, Rhabarber geschält und in 2 cm Stücke geschnitten darüber verteilen.

Apfel-Blechkuchen:

Wie Rhabarber, aber Zucker, Zimt und Sultaninen über die Apfelschnitze streuen.

Zwetschgen-Blechkuchen:

Zwetschgen entkernen, einschneiden und dicht auf den Hefeboden legen, Mandelblättchen, Zucker und Zimt nach Belieben darüber streuen.

arbeiten. Nun kann der Teig entsprechend dem Kuchenrezept verwendet werden.

Den Hefeteig nach der Verarbeitung (flechten, ausrollen und formen) auf dem Blech nochmals 15 min gehen lassen, bevor er gebacken wird.

Klassische Glasuren

Eigelb/Milch-Glasur:

Die klassische Glasur für Hefezöpfe, die mitgebacken wird: Eigelb und Milch verquirlen und mit dem Pinsel auf den Zopf streichen. Mit Hagelzucker, Mandelstiften oder -blättchen bestreuen.

Puderzucker-Glasur:

Diese Glasur wird nach dem Backen auf den warmen Kuchen aufgetragen. Eiweiß und Puderzucker rühren, bis eine zähe, dickflüssige Masse entsteht. Mit dem Pinsel auf den Hefezopf streichen und trocknen lassen.

Aprikosen-Glasur:

Aprikotiert wird Hefegebäck direkt heiß aus dem Ofen. Marmelade mixen und auf den heißen Kuchen pinseln. Evtl. Puderzucker zufügen.

3 Varianten für gefüllten Zopf

Walnuss-Füllung:

100 g Aprikosen, getrocknet und gehackt
100 g Walnüsse, gehackt
4 EL Aprikosenmarmelade
2 EL Cointreau
1 Eiweiß

Mandel-Füllung:

200 g gem. Mandeln
100 g Zucker
1 TL Zimt
2 EL Mandellikör
3 EL Sahne

Mohn-Füllung:

Rezept Seite 12
oder
200 g Mohnfüllung (z.B. Mohnfix)
nach Belieben Aprikosen, getrocknet und gehackt

Hefekuchen durchs Jahr

– jeweils ein Grundrezept Hefeteig herstellen und kreativ sein

Viererzopf:

Teig zu 4 Rollen formen, ca. 50 cm lang. Links beginnen und 1. Strang über 2. Strang legen, 4. Strang unter den 3. Strang und wieder über Strang 1. So stets von links beginnend weiterflechten. Mit Eigelb/Milch bestreichen und mit Mandeln bestreuen.

Gefüllter Zopf:

Für die Füllung die Zutaten mischen. Eine Platte, ca. 40 x 50 cm, auswellen, von beiden Seiten jeweils Streifen mit dem Messer in den Teig schneiden, das mittlere Drittel mit Mohn- oder Nussmasse bestreichen und die Streifen über der Füllung kreuzen. Zopf mit Eigelb/Milch bestreichen und mit Hagelzucker bestreuen.

Neujahrsbrezel:

3 Stränge von je 60 cm Länge, die zu den Enden hin dünner werden, flechten und in Brezelform auf das gefettete Backblech legen. Mit Eigelb/ Milch bestreichen und mit gehackten Mandeln bestreuen.

Fastenbrezel:

Die Brezel-Urform „Brachium“ (lat. Arm) aus dem Kloster, die schöne Art, Verbundenheit zu zeigen. Mit Eigelb/ Milch bestreichen.

Hefetiere und Figuren:

Z.B. Hasen, Pinguine, Schneemänner mit Formen ausstechen oder mit dem Messer ausschneiden, mit Eigelb/ Milch bestreichen und mit Kokosflocken, Nüssen, Hagelzucker oder mit Streusel (Rezept Seite 8) bestreuen.

Faschingsmasken:

Dabei sind der Phantasie keine Grenzen gesetzt. Ovale Form für das Gesicht ausschneiden, Mund, Augen Nase dekorieren, mit ganzen, geschälten Mandeln oder mit Streusel belegen.

Beim Backen Edelstahl-Förmchen unter das Backpapier schieben, so wird die Maske plastisch.

Backen: *Vorgeheizt, O/U-Hitze 200°, Zöpfe und Kränze ca. 30 - 45 min, mittlere Schiene*
Brezeln, Masken und Tiere je nach Größe ca. 15 – 20 min, mittlere Schiene

Mohnrolle
Hefeteig:
750 g Mehl
1/4 l lauwarme Milch
1 1/2 Würfel Hefe
150 g Sanella
100 g Zucker
1 Vanille-Zucker
1 Ei
1 Prise Salz
Füllung:
200 g gem. Mohn
1/2 l Milch
1 geh. EL Zucker
2 P. Vanille-Zucker
100 g gehackte Mandeln
Sultaninen und Zitronat nach Belieben
3 Eier
Zum Garnieren:
50 g Butter
100 g Puderzucker

Mohnrolle

– Spezialität meiner Schwiegermutter

Hefeteig herstellen (Zubereitung siehe Grundrezept Seite 8)

Den Mohn in der Milch kochen, etwas abkühlen lassen, dann Zucker, Vanille-Zucker, Mandeln und Trockenfrüchte zufügen. Unter die abgekühlte Masse 2 Eier und 1 Eigelb rühren. Hefeteig zu einem Rechteck ca. 50 x 60 cm auswellen, auf den Teig das Eiweiß streichen und die Mohnmasse darüber verteilen und aufrollen.

Den Mohnstollen in zwei Kastenformen backen oder auf dem Backblech als Rolle. Backformen vorher einfetten.

Backen: *Vorgeheizt, O/U-Hitze190°, ca. 60 min, mittlere Schiene*

Die Mohnrolle noch heiß mit der weichen Butter bestreichen und mit Puderzucker bestäuben.

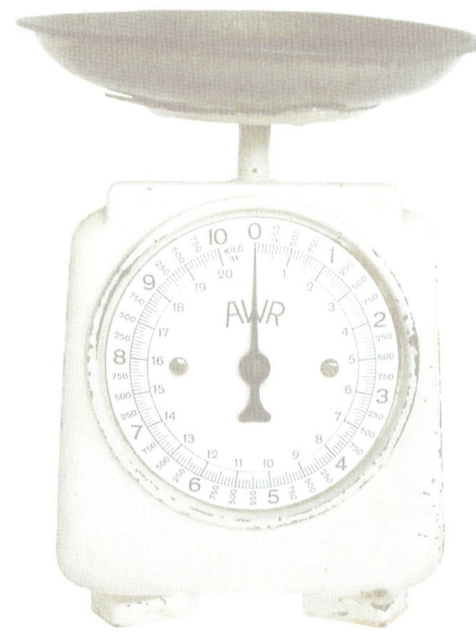

Rosenkuchen
Hefeteig:
500 g Mehl
1/4 l lauwarme Milch
80 g Zucker
1 Würfel Hefe
80 g Margarine
1 Ei
1 P. Vanille-Zucker
1 Prise Salz
Füllung:
4 geh. EL Sauerrahm
1 geh. EL Zucker
1 gestr. TL Zimt
4 geh. EL gem. Haselnüsse
Sultaninen nach Belieben
Guss:
125 g Puderzucker
etwas Zitronensaft

Rosenkuchen

– Spezialität meiner Mutter

Hefeteig herstellen (Zubereitung siehe Grundrezept Seite 8).

Auf einer leicht bemehlten Arbeitsfläche ein Rechteck (ca. 40 x 50 cm) ausrollen. Für die Füllung alle Zutaten in einer Schüssel mischen und auf den Hefeteig streichen. Teigplatte aufrollen und ca. 5 cm dicke Rollen schneiden. Eine Schrägrand-Tortenform, Ø 28 cm, einfetten und die Rollen von der Mitte aus so in die Form legen, dass die Spiralen nach oben zeigen.

Backen: *Vorgeheizt, O/U-Hitze 200°, ca. 35 min, mittlere Schiene*

Puderzucker und Zitronensaft gut verrühren und auf den heißen Rosenkuchen streichen.

Grundrezept:
250 g Butter
200 g Zucker
1 P. Vanille-Zucker
5 Eier
500 g Mehl
1 P. Backpulver
1/8 l Milch
1 EL Rum

Rührkuchen

– Grundrezept meiner Schwiegermutter

Butter schaumig rühren, Zucker und Vanille-Zucker zufügen, nach und nach die Eier zugeben und die Masse schaumig schlagen. Mehl und Backpulver löffelweise abwechselnd mit der Milch und dem Rum in die Teigmasse rühren, dann in eine gefettete Ring-, Kranz- oder Napfkuchenform füllen.

Backen: *Vorgeheizt, O/U-Hitze 180°, ca. 60 min, mittlere Schiene*

Den Kuchen ca. 10 min abkühlen lassen, auf ein Gitter stürzen und mit Puderzucker bestäuben.

Mit einem Schokoladenguss überzogen schmeckt dieser Rührkuchen auch lecker.

Meine Rührkuchen-Variationen

Marmorkuchen:

2/3 des Rührteiges in die gefettete Form füllen.

1 gestr. EL Zucker
1 geh. EL Kakao
1 EL Milch

Diese Zutaten in den Restteig rühren und auf den hellen Teig streichen, mit einer Gabel spiralförmig den Teig durchziehen.

Backen: *Vorgeheizt, O/U-Hitze 180°, ca. 60 min, mittlere Schiene*

Mandel-Schokokuchen:

2/3 des Rührteiges in die gefettete Form füllen.

100 g gem. Mandeln
100 g geraspelte Schokolade
2 EL Orangenlikör

Diese Zutaten in den Restteig rühren. In den hellen Teig mit einem Löffel eine Furche drücken, die Schokonussmasse hineinfüllen und glatt streichen.

Backen: *Vorgeheizt, O/U-Hitze 180°, ca. 60 min, mittlere Schiene*

Tipps für Rührteige:

1/3 des Mehls durch Speisestärke ersetzen und der Kuchen wird feinporiger!

Rührkuchen wird lockerer, wenn das Eiweiß zu Schnee geschlagen und unter den fertigen Teig gezogen wird.

Love-Cake

– Kreation „Visaka aus Sri Lanka"

Love-Cake

Rührteig:

6 Eier
1 Prise Salz
250 g Zucker
100 g Grieß
150 g Mehl
1 P. Backpulver
1 MS Kardamon
1 MS Muskatblüte
2 EL Zitronensaft oder Rosenwasser
200 g Cashew-Nüsse
100 g Kokosraspel

Füllung:

Ananas-Marmelade

Glasur:

150 g Puderzucker
Saft 1/2 Zitrone
1 gestr. TL Kakao

Für den Rührteig die Eier trennen, Eiweiß mit einer Prise Salz sehr steif schlagen. Eigelb mit Zucker schaumig rühren, Grieß, Mehl, Backpulver und Gewürze zufügen und gut verrühren. Zitronensaft oder Rosenwasser und die grob gehackten, ungesalzenen Cashews unterheben. Von dem Eischnee 3 gehäufte EL in eine Schüssel geben und mit den Kokosraspeln mischen. Das restliche Eiweiß unter den Teig ziehen.

Eine Tortenform, Ø 28 cm, einfetten und mit Backpapier auslegen. Teig einfüllen, Kokosmasse über den Teig verteilen.

Backen: *Vorgeheizt, O/U-Hitze 180°, ca. 60 min, mittlere Schiene*

Kuchen etwas abkühlen lassen, vorsichtig aus der Form lösen und Papier abziehen. Nach dem Erkalten den Kuchen einmal durchschneiden, den Boden mit Marmelade bestreichen und den Deckel darauf legen und leicht andrücken.

Den Puderzucker mit dem heißen Zitronensaft gut verrühren (Vorsicht: Den Guss nicht zu dünn werden lassen). Die Hälfte des Zuckergusses in eine Tortenspritze füllen und in Linien auf den

Zebrakuchen

– tierisch lecker

Zebrakuchen

Rührteig:

6 Eier
1 Prise Salz
300 g Zucker
1 P. Vanille-Zucker
1/8 l Wasser
1/8 l feines Öl
380 g Mehl
1 P. Backpulver
1 geh. EL Kakao

Glasur:

Puderzucker oder
150 g Schokoguss
evtl. Mandelsplitter

Eier trennen, Eiweiß mit Salz zu sehr steifem Schnee schlagen. In einer größeren Schüssel Eigelb, Zucker, Vanille-Zucker und lauwarmes Wasser sehr schaumig schlagen, Öl langsam zugießen und nochmals durchrühren, Mehl und Backpulver zufügen und verrühren. Den Eischnee locker mit dem Schneebesen unterziehen. Die Hälfte des Teiges in die Eiweißschüssel füllen und mit dem Kakao mischen. Eine gefettete, mit Papier ausgelegte Tortenform, Ø 28 cm, wie folgt füllen: Einen Esslöffel hellen Teig in die Mitte der Form geben; der Teig ist sehr weich und läuft auseinander. In diesen Teigklecks einen Esslöffel dunklen Teig füllen und im Wechsel wiederholen, bis der Teig aufgebraucht ist. Mit vier Löffeln arbeiten, jeweils zwei für eine Teigsorte, einen Löffel zum Füllen, den anderen zum Abstreifen.

Dieser Kuchen sieht interessant aus, weil sich beim Backen Zebramuster hochziehen.

Kokosdeckel spritzen. Unter den restlichen Guss den Kakao rühren und diagonal über den weißen Guss mit der Spritze verteilen.

Tipp: *Besonders hübsch sieht der Kuchen mit Schokoladen-Ginkgo-Blättern aus. Hierfür Kuvertüre temperieren (Tipps Seite 7), die Ginkgo-Blätter auf der Rückseite mit Schokolade bepinseln, erstarren lassen, dann vorsichtig abziehen und entsprechend dekorieren.*

Das Originalrezept Love-Cake enthält die doppelte Menge Zucker und 2 EL Honig und ist für unseren Gaumen zu süß.

Backen: *Vorgeheizt, O/U-Hitze 180°, ca. 60 min, mittlere Schiene*

Den etwas abgekühlten Kuchen aus der Form stürzen, Papier abziehen, erkalten lassen, danach mit Puderzucker bestäuben oder mit Schokoguss bestreichen.

Tipp: *Für die kleine Familie kann die Hälfte der Zutaten in einer Kastenform gebacken werden. Das sieht ebenfalls originell aus, wenn der Teig wechselweise hell und dunkel längs in die Form gefüllt wird. In einer Igelform gebacken, erhält das Tierchen ein originelles Innenleben.*

Gewürzkuchen

Rührteig:

125 g Butter
250 g Zucker
4 Eier
2 gestr. EL Kakao
1 gestr. EL Zimt
1 MS gem. Nelken
320 g Mehl
1 P. Backpulver
1/8 l Milch

Guss:

250 g Puderzucker
Saft 1/2 Zitrone
etwas Kakao

Gewürzkuchen

– Spezialität meiner Oma Agnes

Eier trennen, Eiweiß zu sehr steifem Schnee schlagen. Butter schaumig rühren, Zucker einrieseln lassen, nach und nach die Eigelb zufügen und den Teig schaumig schlagen. Mehl, Kakao, Backpulver und die Gewürze mischen und abwechselnd mit der Milch dem Teig zufügen. Den Eischnee locker mit einem Schneebesen unter die Teigmasse ziehen. Eine Tortenform, Ø 28 cm, einfetten und den Teig einfüllen.

Backen: *Vorgeheizt, O/U-Hitze 180°, ca. 60 min, mittlere Schiene*

Nach dem Backen ca. 10 min abkühlen lassen und auf ein Kuchengitter stürzen. Den kalten Kuchen mit Puderzuckerguss verzieren, hierfür den Zitronensaft erhitzen und vorsichtig in den gesiebten Puderzucker rühren – die Masse sollte zähflüssig sein, nicht zu dünn. Einen Esslöffel evtl. mit Kakao vermischen, auf den hellen Grund Linien spritzen und mit Zahnstocher oder Stricknadel Muster ziehen.

Wer es nicht ganz so süß möchte: Ein Zartbitter-Schokoladenguss schmeckt zu diesem Kuchen ebenfalls sehr lecker.

Tipp: *Dieses Rezept eignet sich hervorragend für Kindergeburtstage. Als Igel gebacken (Teig reicht für 2 Formen), oder in Papierförmchen mit Zucker- oder Schokoladenguss bestrichen und mit allerlei Süßigkeiten (Smarties etc.) dekoriert, sind diese Törtchen immer beliebt. Ca. 20 Papierförmchen auf einem Backblech (nicht auf dem Rost) verteilen, jeweils 2 EL Teig einfüllen.*
Backzeit: *ca. 20 min*

Rotweinkuchen

Rührteig:

4 Eier
1 Prise Salz
200 g Butter
200 g Zucker
1 geh. TL Zimt
1 geh. TL Kakao
250 g Mehl
1 P. Backpulver
250 ml Rotwein
100 g Schokoraspel
30 g Mandelblättchen

Dekoration:

100 g Schokoguss
etwas weiße Kuvertüre

Rotweinkuchen

– der hat's in sich

Eier trennen und Eiweiß mit Salz zu steifem Schnee schlagen. In einer größeren Schüssel weiche Butter rühren, Zucker und Eigelb zufügen und gut schaumig schlagen. Mehl, Backpulver, Zimt und Kakao mischen und in kleinen Mengen abwechselnd mit dem Rotwein in die Eiermasse rühren. Schokoraspel zufügen. Zuletzt den Eischnee locker unterheben. In eine gebutterte, mit Mandelblättchen ausgestreute Kastenform (Inhalt ca. 2 l) füllen.

Backen: *Vorgeheizt, O/U-Hitze 180°, ca. 60 min, mittlere Schiene*

Den Kuchen ca. 30 min abkühlen lassen, aus der Form stürzen. Den kalten Kuchen auf der oberen Seite mit Schokoglasur bestreichen und evtl. mit weißer Kuvertüre kleine Tropfen auf die feuchte Schokolade setzen und mit einer Stricknadel Amöbenmuster ziehen. Oder den Kuchen einfach mit Puderzucker bestäuben.

Mandelgugelhupf

Rührteig:

8 Eier
50 g Zucker
30 g Speisestärke
320 g Butter
150 g Zucker
Mark einer Vanilleschote
1 Prise Salz
320 g Marzipanrohmasse
20 ml Mandellikör
320 g Mehl
240 g Zartbitter-Schokolade
240 g Walnüsse

Dekoration:

ca. 50 g Mandelblättchen
etwas Puderzucker

Mandelgugelhupf

– Spezialität aus dem Walkschen Haus

Eier trennen, Eiweiß mit 50 g Zucker und Speisestärke zu sehr steifem Schnee schlagen. Die weiche Butter schaumig rühren. Zucker, ausgeschabtes Vanillemark und Salz zufügen. Die Marzipanmasse mit einem Eigelb gut vermengen, dann mit den restlichen Eigelb und dem Likör schaumig schlagen. Die Marzipanmasse mit der Buttermischung, den klein gehackten Schokostückchen und den grob gehackten Walnüssen verrühren, alles zusammen mit dem Mehl vermengen. Den Eischnee vorsichtig mit einem Schneebesen unterziehen. Eine gefettete Gugelhupfform, Ø ca. 25 cm, mit den Mandelblättchen ausstreuen und den Teig einfüllen.

Backen: *Vorgeheizt, O/U-Hitze 175°, ca. 60 min, mittlere Schiene*

In der Form ca. 15 min abkühlen lassen, dann auf ein Kuchengitter stürzen und mit Puderzucker bestäuben.

Dieses Rezept (Original mit 4 Eier für 18 cm Ø Gugelhupf) stammt aus der Gourmet-Küche von Bernd Werner, Walksches Haus, Weingarten. Seit einem Schokoladenseminar ist dieser feine Gugelhupf fester Bestandteil in meiner Rezeptsammlung.

Schoko-Nuss-Kuchen

Rührteig:

250 g Butter
200 g Zucker
1 Prise Salz
4 Eier
200 g Mehl
50 g Speisestärke
2 gestr. TL Backpulver
1 EL Rum
50 g Zartbitter-Schokolade
1 gestr. EL Kakao
1 gestr. EL Zucker
2 EL Milch
75 g gem. Haselnüsse
1 EL Rum

Garnitur:

150 g Schokoladenguss
oder Puderzucker

Schoko-Nuss-Kuchen

– besonders fein

Butter sehr schaumig rühren. Zucker, Vanille-Zucker und Salz zufügen. In die Masse nach und nach die Eier schlagen. Mehl, Speisestärke, Backpulver und Rum unterrühren. Dann den Teig halbieren.

Erste Hälfte mit der fein geriebenen Schokolade, Kakao, Zucker und Milch verrühren. Zweite Hälfte mit den Haselnüssen und Rum mischen.

Eine Kastenform, 30 cm lang, einfetten und mit Backpapier auslegen. Zuerst den Nussteig glatt in die Form streichen, dann den Schokoteig darüber füllen und glatt streichen.

Teig nicht mischen, denn das schöne Muster entsteht während des Backens!

Backen: *Vorgeheizt, O/U-Hitze 180°, ca. 60 - 70 min, mittlere Schiene*

Den Kuchen etwas abkühlen lassen, dann auf ein Kuchengitter stürzen, Backpapier abziehen und erkalten lassen. Mit Schokoladenguss überziehen und evtl. mit beliebigen Nüssen garnieren oder einfach mit Puderzucker bestäuben.

Nusskuchen

Mürbeteig:

250 g Mehl
100 g Zucker
125 g Butter
1 Ei

Füllung:

200 g Johannisbeergelee

Nussmasse:

4 Eier
140 g Butter
140 g Zucker
1 P. Vanille-Zucker
140 g gem. Haselnüsse
140 g Mehl
1 P. Backpulver
200 ml Milch

Garnitur:

150 g Schokoladenguss
evtl.
weiße Kuvertüre
gehackte Pistazien

Nusskuchen

– hält tagelang frisch

Alle Zutaten für den Mürbeteig auf einer Arbeitsplatte mit zwei großen Messern fein hacken, mit den Händen zusammenkneten und kühlen. Danach den Teig mit einem Wellholz auswellen, in eine Tortenform, Ø 28 cm, legen, Rand ca. 3 cm hoch drücken und mit einem Zackenrädchen die Kante abrollen. Den Boden mit einer Gabel mehrmals einstechen und den Gelee darüber streichen.

Für die Nussmasse Eier trennen, Eiweiß zu sehr steifem Schnee schlagen. In einer größeren Schüssel weiche Butter schaumig rühren, Zucker, Vanille-Zucker und Eigelb zufügen und gut verrühren. Mehl und Backpulver abwechselnd mit der Milch in die Eiermasse rühren, Nüsse untermischen. Eischnee locker mit einem Schneebesen unterheben.

Diese Nussmasse auf den Mürbeteig füllen und glatt streichen.

Backen: *Vorgeheizt, O/U-Hitze 180°, ca. 50 - 60 min, mittlere Schiene*

Den Kuchen auskühlen lassen, aus der Form lösen. Die Schokolade für den Guss schmelzen und über den Nusskuchen pinseln, nach Belieben mit weißer Kuvertüre und mit Nüssen garnieren.

Tipp: *In einer Blumenform gebacken wirkt dieser Nusskuchen besonders originell.*

Walnuss-Florentiner

Mürbeteig:

250 g Mehl
80 g Zucker
125 g Butter
1 Ei

Belag:

20 g Butter
100 g Zucker
1/4 l Sahne
2 EL Honig
1 gestr. TL Zimt
300 g Walnüsse
100 g Mandelblättchen
100 g getrocknete Aprikosen

Walnuss-Florentiner-Kuchen

– da steckt ein guter Kern drin

Alle Zutaten für den Mürbeteig auf einer Arbeitsplatte mit zwei großen Messern fein hacken, mit den Händen zusammenkneten und kühlen.

Für die Nussfüllung die Butter in einem Topf zerlassen und mit dem Zucker hellbraun karamelisieren. Sahne, Honig und Zimt zufügen, alles aufkochen lassen, bis der Zucker aufgelöst ist. Grob gehackte Walnüsse, Mandeln und in kleine Würfel geschnittene Aprikosen zufügen, dann alles etwas abkühlen lassen.

Tortenform, Ø 28 cm, einfetten, den Mürbeteig auswellen, in die Form legen und einen Rand ca. 3 cm hochdrücken. Boden mit einer Gabel mehrmals einstechen. Den Rand mit einem Zackenrädchen abrollen. Die Nussmasse auf dem Mürbeteig verteilen und glattstreichen. Evtl. mit halben Walnüssen garnieren.

Backen: *Vorgeheizt, O/U-Hitze 180°, ca. 30 min, mittlere Schiene*

Kuchen 15 min abkühlen lassen, dann aus der Form nehmen.

Tipp: *Dieser Kuchen schmeckt auch im Winter zu Punsch oder Glühwein ganz ausgezeichnet.*

Walnuss-Aprikosen-Kuchen
Rührteig:
220 g Butter
150 g Zucker
1 P. Vanille-Zucker
1 EL Honig
4 Eier
1 gestr. TL Zimt
1 MS Nelken
250 g Mehl
3 gestr. TL Backpulver
2 EL Rum
100 g Walnüsse
100 g getrocknete Aprikosen

Guss:
150 g Schokoladenguss
Halbe Walnüsse
nach Belieben

Walnuss-Aprikosen-Kuchen

– Adventskuchen, herzhaft und würzig

Weiche Butter schaumig rühren, Zucker, Vanille-Zucker und Honig zufügen, Eier nach und nach in der Masse schaumig rühren, Gewürze, Mehl, Backpulver und Rum in den Teig rühren. Nüsse und Aprikosen, beides grob gehackt, unterheben.

Kastenform, ca. 30 cm lang, einfetten und mit Backpapier auslegen. Den Teig einfüllen.

Backen: *Vorgeheizt, O/U-Hitze 175°, ca. 70 min, mittlere Schiene*

Mindestens 15 min abkühlen lassen, vorsichtig aus der Form stürzen, Papier abziehen und erkalten lassen. Mit dem Schokoladenguss bestreichen und evtl. mit Walnusshälften garnieren.

Weihnachtsstollen
Rührteig:
175 g Butter
200 g Zucker
1 P. Vanille-Zucker
2 Eier
1 Prise Salz
1 MS Kardamon
1 MS Muskatblüte
1 gestr. TL Zimt
200 g Quark, 20%
150 g gem. Mandeln
100 g gehackte Mandeln
500 g Mehl
1 P. Backpulver
125 g getrocknete Aprikosen
200 g Rum-Sultaninen

Zum Garnieren:
50 g Butter
50 g Puderzucker

Weihnachtsstollen

– kein 1. Advent ohne diesen traditionellen Stollen

Weiche Butter, Zucker, Vanille-Zucker, Eier, Salz, Gewürze, Quark und Mandeln nach und nach zu einem Rührteig verarbeiten. Die Hälfte des Mehls mit Backpulver gemischt unterrühren. Das restliche Mehl auf die Arbeitsplatte geben und zügig mit dem Rührteig verkneten.

Etwas Mehl auf die Arbeitsplatte streuen und den Teig ca. 2 cm dick zu einem Rechteck auswellen. Die in Rum eingeweichten Sultaninen und die in feine Würfel geschnittenen Aprikosen darüber verteilen und aufrollen. Dies hat den Vorteil, dass keine Trockenfrüchte auf der Oberfläche des Stollens liegen und beim Backen dunkel und bitter werden. Auf ein mit Backpapier ausgelegtes Backblech legen und in Stollenform drücken.

Backen: *Vorgeheizt, O/U-Hitze 180°, ca. 60 - 70 min, mittlere Schiene*

Danach sofort über den heißen Stollen die weiche Butter pinseln und mit Puderzucker bestäuben.

In Alufolie verpackt hält sich dieser Stollen lange frisch.

Mürbeteig:
200 g Mehl
2 gestr. TL Backpulver
150 g Zucker
1 P. Vanille-Zucker
200 g Sanella (Würfel)
200 g gem. Haselnüsse
1 TL Zimt
1 MS Nelken
1 MS Kardamon
1 MS Muskatblüte
1 EL Kakao
1 EL Rum
1 Ei

Zum Bestreichen:
1/2 Glas rote Marmelade (z.B. Johannis-/Himbeere)
1/2 Eigelb
1 TL Kaffeesahne

Linzer Torte

– Familien-Klassiker

Achtung: *Für Linzer Torte keine Butter oder Bechermargarine verwenden, sonst wird der Teig zu fett und weich!*

Alle Zutaten der Reihe nach auf eine Arbeitsplatte häufen und mit zwei Messern hacken, dann mit den Händen zusammenkneten. Diesen Teig mehrere Stunden im Kühlschrank ruhen lassen (evtl. über Nacht). Eine flache Obstkuchenform mit einem gezackten Rand, Ø 28cm, einfetten. 2/3 des Teiges mit dem Wellholz zu einer runden Platte rollen, flach in die Backform legen und mit der Gabel mehrmals einstechen. Marmelade darauf verteilen, am Rand 2 cm frei lassen. Vom restlichen Teig Figuren ausstechen oder ein Gittermuster auf die Marmelade legen. Den nun übrigen Teig zu einer Rolle formen, als Rand auf die Linzer Torte legen und mit einer Gabel im Zickzackmuster verzieren. Rand und Teigmuster mit Eigelb/Milch-Mischung bestreichen.

Backen: *Vorgeheizt, O/U-Hitze 200°, ca. 30 min, mittlere Schiene*

In der Form ca. 15 min abkühlen lassen, evtl. mit einem Messer den Rand lösen, auf ein Kuchengitter stürzen, wieder umdrehen und auskühlen lassen.

In Alufolie verpackt hält sich Linzer Torte viele Tage wunderbar frisch.

Tipp 1: *Für ein feines Gittermuster in den Restteig etwas Mehl einarbeiten, so lassen sich die Zackenrähmchen besser verarbeiten.*

Tipp 2: *Für eine Linzer Torte werden viele Zutaten benötigt und es lohnt sich immer, gleich die doppelte Teigmenge herzustellen. Sehr lecker und knusprig schmecken auch meine Linzer Brezel, Linzer Hasen, Kleeblätter etc.*

Den Teig auf der bemehlten Arbeitsfläche ca. 1/2 cm dick ausrollen, mit einer großen Brezelform Teiglinge ausstechen, auf ein mit Backpapier belegtes Backblech legen und mit Eigelb/Milch-Mischung bestreichen.

Backen: *Vorgeheizt, O/U-Hitze 200°, ca. 15 min, mittlere Schiene*

In einer Blechdose aufbewahrt, bleibt das Gebäck lecker und knusprig.

Schicht-Obstboden
Rührteig:
150 g weiche Butter
125 g Zucker
1 P. Vanille-Zucker
3 Eier
100 g Mehl
50 g Speisestärke
50 g gem. Mandeln
3 EL Orangenlikör
1 gestr. EL Kakao

Butterteig-Obstboden
Mürbeteig:
250 g Butter
100 g Zucker
1 Vanille-Zucker
1 Eidotter
350 g Mehl

Nussbiskuit-Obstboden
Biskuitteig:
4 Eier
125 g Zucker
1 P. Vanille-Zucker
125 g gem. Haselnüsse

Belag:
500-800 g Früchte nach Belieben
1 P. Tortenguss
1/4 l Wasser oder Obstsaft
1-2 EL Zucker

Dreierlei Obstkuchen

– diese Böden sind mit allen Obstsorten kombinierbar

Schicht-Obstboden

Butter sehr schaumig rühren, Zucker, Vanille-Zucker und Eier nach und nach zufügen und zu einer homogenen Masse rühren, Mehl, Speisestärke und 2 EL Likör untermischen. Die Hälfte des Teiges mit Kakao und 1 EL Likör verrühren.

Eine Tortenform, Ø 26 cm, nur am Boden fetten und exakt mit Papier auslegen. Mit 3 EL hellem Teig den Boden der Tortenform dünn bestreichen und in den Ofen schieben.

Backen: *Vorgeheizt, O/U-Hitze 230°, je Schicht ca. 3 – 4 min, mittlere Schiene*

Danach dunklen Teig auf die gebackene helle Schicht streichen und so weiterbacken, bis der Teig aufgebraucht ist. Nach dem Backen ca. 10 min abkühlen lassen, den Rand mit einem Messer lösen, auf ein Kuchengitter stürzen und Backpapier abziehen.

Butterteig-Obstboden

Alle Zutaten auf der Arbeitsfläche mit zwei Messern hacken, mit den Händen zusammenkneten und im Kühlschrank ruhen lassen. In eine gefettete Obstkuchenform, Ø 26 cm, legen und mehrmals mit einer Gabel einstechen.

Backen: *Vorgeheizt, O/U-Hitze 190°, ca. 30 min, mittlere Schiene*

Den Boden ca. 5 min abkühlen lassen, dann auf ein Kuchengitter stürzen.

Diese beiden Obstböden lassen sich mit verschiedenen Obstsorten kombinieren, mit einem Tortenguss (hellen Obstsaft von Dosenobst oder Apfelsaft verwenden) überziehen und nach Belieben mit Sahne garnieren.

Nussbiskuit-Obstboden

Eier trennen, Eiweiß zu sehr steifem Schnee schlagen. In einer zweiten Schüssel Eigelb, Zucker, Vanille-Zucker und Nüsse schaumig schlagen, Eischnee mit einem Schneebesen locker unter die Nussmasse ziehen.

Tortenform, maximal Ø 26 cm, nur am Boden einfetten und exakt mit Backpapier auslegen, Teig einfüllen und glatt streichen.

Backen: *Vorgeheizt, O/U-Hitze 180°, ca. 40 min, mittlere Schiene*

Nach dem Backen den Nussbiskuit 5 min abkühlen lassen, Rand mit dem Messer lösen, auf einen Küchenrost stürzen und Papier vorsichtig abziehen.

Edle Kombination: Den Nussboden mit einem Tortenring umschließen, ca. 800 g Sauerkirschen auf dem Boden verteilen, mit 1/2 l Saft, 2 P. Tortenguss und 4 EL Zucker einen Tortenguss zubereiten und über die Kirschen streichen. Gut gekühlt, ggf. mit Sahne garniert, schmeckt der Kuchen sehr frisch und lecker. Dieser Boden kann aber auch mit jedem anderen Obst belegt werden.

Apfelkuchen mit Sahneguss

Mürbeteig:

250 g Mehl
100 g Zucker
1 Eigelb
150 g Butter

1 kg Äpfel (Boskop)
Saft 1/2 Zitrone

Guss:

1/4 l süße Sahne
1 Ei
1 Eiweiß
100 g Zucker
50 g Mehl
1 P. Vanille-Puddingpulver

1 gestr. EL Zucker
1/2 gestr. TL Zimt
100 g gehackte Mandeln

Apfelkuchen mit Sahneguss

– eine paradiesische Verführung

Alle Zutaten für den Mürbeteig auf einer Arbeitsfläche anhäufen, mit zwei Messern hacken, mit den Händen zusammenkneten und kaltstellen. Äpfel schälen, Schnitze schneiden und mit Zitronensaft beträufeln. Tortenform, Ø 28 cm, einfetten.

Für den Guss die Sahne steif schlagen. In einer zweiten Schüssel Ei, Eiweiß und Zucker schaumig rühren, bis eine cremige Masse entsteht. Mehl und Puddingpulver zufügen und kurz verrühren. Die Sahne locker mit einem Schneebesen unter die Eiermasse ziehen.

Mürbeteig auswellen, in die Form legen, Rand ca. 3 cm hochdrücken und mit der Gabel mehrmals einstechen, Rand mit einem Zackenrädchen abrollen. Äpfel auf den Teig legen, Guss darüber streichen und mit Mandeln, Zucker und Zimt bestreuen.

Backen: *Vorgeheizt, O/U-Hitze 180°, ca. 60 min, untere Schiene*

In der Form auskühlen lassen, da der Guss erst beim Erkalten fest wird. Kuchen nicht stürzen!

Apfelkuchen mit Walnuss-Streusel

Mürbeteig:

250 g Mehl
100 g Zucker
125 g Butter
1 Ei

Füllung:

400 ml Apfelsaft
1 P. Vanille-Puddingpulver
1 gestr. EL Zucker
100 g Sultaninen
1 kg Äpfel (Boskop)

Streusel:

150 g Mehl
100 g Zucker
1 TL Zimt
100 g gem. Walnüsse
100 g Butter

Apfelkuchen mit Walnuss-Streusel

– besonders lecker mit einer Kugel Vanilleeiscreme

Alle Zutaten für den Mürbeteig auf einer Arbeitsfläche anhäufen, mit zwei Messern hacken, mit den Händen zusammenkneten und kaltstellen. Für die Füllung Pudding mit Apfelsaft und einem EL Zucker kochen, in eine Schüssel füllen und abkühlen lassen. Sultaninen zufügen. Äpfel schälen, achteln und in Stückchen geschnitten der Puddingmasse zufügen.

Mürbeteig in eine gefettete Tortenform, Ø 28 cm, legen, Teig am Rand ca. 3 cm hoch drücken, mit einer Gabel mehrmals den Boden einstechen. Die Apfel-Puddingmasse darauf verteilen.

Für die Streusel Mehl, Zucker, Zimt und gemahlene Walnüsse mischen. Flüssige Butter (lauwarm) mit dem Rührer in die Mehlmischung kurz auf höchster Stufe einrühren, bis eine streuselige Masse entsteht. Die Streusel über den Kuchen verteilen.

Backen: *Vorgeheizt, O/U-Hitze 180°, ca. 60 min, mittlere Schiene*

Den Kuchen ca. 30 min in der Form abkühlen lassen. Nicht stürzen.

Apfel-Mohn-Mandel-Kuchen

– ein Winterkuchen, der es in sich hat

Apfel-Mohn-Mandel

Mürbeteig:

375 g Mehl
150 g Zucker
2 P. Vanille-Zucker
1 1/2 Eier
200 g Butter

1. Füllung:

350 g Äpfel
etwas Zitronensaft
50 g Sultaninen
1 EL Zucker u. Zimt
1 1/2 Eier
50 g Zucker
1 P. Vanille-Zucker
150 ml Milch
200 g gem. Mandeln
1 geh. TL Zimt

2. Füllung:

250 g Mohnfüllung
2 EL Rum

Streusel:

200 g Mehl
125 g Zucker
1 gestr. TL Zimt
125 g warme Butter

Alle Zutaten für den Mürbeteig auf die Arbeitsfläche häufen, mit zwei großen Messern hacken und mit den Händen zusammenkneten. Den Teig im Kühlschrank ruhen lassen.

Füllungen vorbereiten: Äpfel schälen, vierteln, Kernhaus entfernen und in kleine Stücke schneiden, mit Zitronensaft beträufeln, mit Sultaninen, Zucker und Zimt mischen.

Eier, Zucker, Vanille-Zucker und Sahne verrühren, Mandeln und Zimt zufügen.

Mohnfüllung mit Rum verrühren. Eine Tortenform, Ø 28 cm, einfetten. Den Teig dritteln, zwei Drittel zu einer Teigplatte ausrollen und einen 4 cm hohen Rand in die Form drücken. Mit dem Zackenrädchen abrollen. Den Boden mehrmals mit einer Gabel einstechen. Die Mandelmasse auf den Boden streichen und die Äpfel darüber verteilen. Aus dem restlichen Mürbeteig eine Teigplatte rollen und über die Apfel-Mandelmasse legen, darüber die Mohnmasse streichen. Für die Streusel Mehl, Zucker und Zimt mischen, mit

Gedeckter Apfelkuchen

– Spezialität meiner Mutter

Gedeckter Apfelkuchen

Mürbeteig:

250 g Mehl
1/2 gestr. TL Backpulver
100 g Zucker
1 P. Vanille-Zucker
1 Ei
125 g Butter
1 kg Äpfel (Boskop)
1 EL Zucker u. Zimt
Sultaninen nach Belieben

Zum Bestreichen:

1 Eigelb
1 EL Milch

Alle Zutaten für den Mürbeteig auf die Arbeitsfläche häufen, mit zwei großen Messern hacken und mit den Händen zusammenkneten, danach kühl stellen. Äpfel schälen, Kernhaus entfernen und Schnitze schneiden (achteln). Eine Tortenform, Ø 26 cm, einfetten und 2/3 des Teiges ausrollen, in die Form legen und ca. 2 - 3 cm Rand hoch drücken. Boden mehrmals mit einer Gabel einstechen. Die Apfelschnitze darauflegen, Zucker, Zimt und Sultaninen darüberstreuen.

Für den Deckel den restlichen Teig gleichmäßig dünn ausrollen, halb bemehlen, zur Hälfte klappen und vorsichtig auf die Äpfel legen, Teig auseinander klappen.

Ungeübte sollten den Teig für den feinen Deckel auf einem bemehlten Alu-Kuchenretter (oder Backpapier) ausrollen, dadurch wird der Transport auf den Kuchen etwas einfacher. Den Deckel am Rand leicht andrücken. Mit der Eigelb/Milchmischung bestreichen.

dem Rührer die flüssige Butter kurz unterrühren, bis die Masse streuselig ist. Über der Mohnmasse verteilen.

Backen: *Vorgeheizt, O/U-Hitze 180°, ca. 60 min, untere Schiene und danach 15 min mittlere Schiene*

Kuchen ca. 20 min abkühlen lassen, dann aus der Form lösen, nicht stürzen, und auf einem Kuchengitter erkalten lassen.

Backen: *Vorgeheizt, O/U-Hitze 200°, ca. 45 min, mittlere Schiene*

Gut auskühlen lassen und vorsichtig aus der Form lösen. Kann gestürzt werden. Evtl. mit Puderzucker bestäuben.

Birnen-Preiselbeer-Kuchen
Mürbeteig:
250 g Mehl
100 g Zucker
125 g Butter
1 Ei

Füllung:
ca. 900 g Birnen
400 ml Birnensaft
1 P. Vanille-Puddingpulver
1 gestr. EL Zucker
100 g Preiselbeeren

Guss:
2 Eier
2 geh. EL Zucker
1 gestr. TL Zimt
2 gestr. EL Vanille-Puddingpulver
200 ml süße Sahne

Birnen-Preiselbeer-Kuchen – sehr saftiger Genuss

Alle Zutaten für den Mürbeteig auf einer Arbeitsplatte mit zwei Messern hacken, mit den Händen zusammenkneten und kühl stellen.

Birnen aus der Dose abtropfen lassen, ca.350 ml Saft zum Kochen bringen. Puddingpulver mit Zucker vermischen und mit dem restlichen 50 ml Saft verrühren und zu Pudding kochen, in eine Schüssel füllen und im kalten Wasser etwas abkühlen lassen.

Eine Tortenform, Ø 28 cm, einfetten, den Mürbeteig ausgewellt in die Form legen, Rand ca. 4 cm hochziehen und mit einem Zackenrädchen die Kante abrollen.

Mit der Gabel den Boden mehrmals einstechen, den lauwarmen Pudding auf dem Teig verteilen, Birnenschnitze kreisförmig anordnen, Preiselbeeren zwischen die Birnenspalten häufchenweise füllen.

Backen: *Vorgeheizt, O/U-Hitze 180°, 30 min, mittlere Schiene*

Für den Guss die Eier und den Zucker sehr schaumig schlagen, Zimt und Puddingpulver unterrühren, flüssige Sahne zufügen.

Heidelbeerkuchen
Mürbeteig:
250 g Mehl
80 g Zucker
125 g Butter
2 Eigelb

Füllung:
50 g gem. Mandeln
ca. 500 g Heidelbeeren
2 EL Zucker
300 ml Heidelbeersaft
1 geh. EL Stärkemehl

Guss:
200 g Marzipan-Rohmasse
1 Eigelb
200 g Creme fraiche
3 Eiweiß
2 EL Mandelblättchen

Heidelbeerkuchen mit Marzipanguss – die besondere Kombination

Alle Zutaten für den Mürbeteig auf einer Arbeitsplatte mit zwei Messern hacken, mit den Händen zusammenkneten und kühl stellen.

Tortenform, Ø 28 cm, einfetten, Mürbeteig auswellen, in die Form einpassen, Rand ca. 3 cm hochdrücken, mit dem Zackenrädchen Kante abrollen, den Boden mehrmals mit einer Gabel einstechen und die Mandeln darüberstreuen. Heidelbeeren aus dem Glas abtropfen lassen, 2 EL Zucker in einem Topf goldbraun karamelisieren, 300 ml Heidelbeersaft zugießen, Stärkemehl mit 3 EL Heidelbeersaft anrühren und in den karamelisierten Saft einrühren. Aufkochen, etwas abkühlen lassen und mit Heidelbeeren gemischt auf den Boden füllen.

Backen: *Vorgeheizt, O/U-Hitze 190°, ca. 15 min, mittlere Schiene*

Für den Guss Marzipan in kleine Würfel schneiden, das Eigelb und die Creme fraiche unterrühren. Eiweiß zu steifem Schnee schlagen und locker unter den Marzipan ziehen.

Den Kuchen nach 30 min Backzeit aus dem Ofen nehmen und den Guss vorsichtig darüber verteilen.

Backen: *noch ca. 20 min*

Den Kuchen abkühlen lassen und aus der Form lösen, nicht stürzen!

Tipp: *Bei frischen Birnen evtl. verdünnten Apfelsaft für Pudding verwenden. Anstatt der Preiselbeeren schmecken auch frische Heidelbeeren, Brombeeren oder Himbeeren in die Birnenzwischenräume gefüllt, sehr lecker.*

Guss über den vorgebackenen Kuchen streichen, Mandelblättchen darüberstreuen.

Backen: *noch ca. 25 min*

Kuchen ca. 30 min abkühlen lassen, dann aus der Form lösen, nicht stürzen!

Tipp: *Dieser Kuchen schmeckt auch mit frischen Heidelbeeren oder Brombeeren sehr lecker. 800 – 1000 g Früchte auf den Tortenboden verteilen (ohne Puddingmasse), 15 min vorbacken, Guss wie oben.*

Feuerwehrkuchen

– für brandheiße Gelüste

Feuerwehrkuchen

Mürbeteig:
250 g Mehl
100 g Zucker
125 g Butter
1 Ei

Füllung:
700 g Sauerkirschen
350 ml Kirschsaft
1 P. Vanille-Puddingpulver
2 gestr. EL Zucker

Streusel:
90 g Butter
100 g Mehl
100 g Mandeln
80 g Zucker
1 MS Zimt

Garnitur:
400 ml Sahne
2 P. Sahnesteif
1 P. Vanille-Zucker
etwas Kakao

Alle Zutaten für den Mürbeteig auf eine Arbeitsfläche häufen, mit zwei Messern hacken, mit den Händen zusammenkneten und kühl stellen. Für die Füllung mit dem Kirschsaft einen Pudding kochen, abkühlen lassen, dann die entsteinten Kirschen zufügen.

Den Mürbeteig auswellen, in eine Tortenform, Ø 28 cm, legen, Rand ca. 3 cm hochdrücken, den Boden mehrmals mit einer Gabel einstechen. Die Kirschmasse auf den Tortenboden streichen.

Für die Streusel Mehl, gemahlene Mandeln, Zucker und Zimt in einer Schüssel mit dem Rührer gut mischen, die flüssige, lauwarme Butter (Micro 600 W ca. 30 sec) zufügen und auf höchster Stufe durchrühren, bis sich Streusel bilden, diese auf dem Kuchen verteilen.

Backen: *Vorgeheizt, O/U-Hitze 190°, ca. 50 min, mittlere Schiene*

Den Kuchen auskühlen lassen, aus der Form nehmen und nach dem Erkalten die mit Sahnesteif und Vanille-Zucker steif geschlagene Sahne über die Streusel streichen. Mit dem Wellenkamm oder einem Sägemesser ein schönes Muster ziehen und vor dem Servieren mit etwas Kakao bestäuben.

Sauerkirschkuchen mit Mandelguss

– auch mit Johannisbeeren eine edle Kombination

Sauerkirschkuchen

Mürbeteig:
250 g Mehl
1 gestr. TL Backpulver
100 g Zucker
125 g Butter
4 Eigelb

Belag:
2 geh. EL
gem. Mandeln
ca. 750 g entsteinte
Sauerkirschen
frisch oder aus dem Glas

Guss:
4 Eiweiß
1 Prise Salz
150 g Zucker
150 g gem. Mandeln

Alle Zutaten für den Mürbeteig auf eine Arbeitsfläche häufen, mit zwei Messern hacken, mit den Händen zusammenkneten und kühl stellen.

Den Teig auswellen, in eine Tortenform, Ø 28 cm, legen, einen Rand 3 cm hochdrücken und mit einem Zackenrädchen den oberen Rand abrollen. Den Boden mehrmals mit einer Gabel einstechen und mit gemahlenen Mandeln bestreuen. Die frischen, entkernten Sauerkirschen (oder die abgetropften Kirschen aus dem Glas) auf dem Boden verteilen.

Für den Guss das Eiweiß mit der Prise Salz zu sehr steifem Schnee schlagen, Zucker einrieseln lassen und die Mandeln vorsichtig mit dem Schneebesen unterziehen. Die Mandelmasse über die Sauerkirschen verteilen.

Backen: *Vorgeheizt, O/U-Hitze 180°, ca. 50 - 60 min, mittlere Schiene*

Kuchen auskühlen lassen, aus der Form lösen.

Tipp: *Hübsch sieht der Kuchen aus, wenn er ganz mit Kakao bestäubt und Puderzucker in Streifen darüber gepudert wird.*

Rhabarber- oder Johannisbeer-Kuchen

– mit Vanillecreme und Baiser

Mürbeteig:
250 g Mehl
100 g Zucker
125 g Butter
1 Ei

Füllung:
1 P. Vanille-Puddingpulver
2 geh. EL Zucker
1/2 l Milch
3 Eigelb (Eiweiß für Baiser)
2 EL Zucker
200 g Philadelphia-Frischkäse
ca. 800 g Rhabarber oder Johannisbeeren

Baiser-Guss:
3 Eiweiß
150 g Zucker
1 P. Vanille-Zucker
1 TL Zitronensaft

Alle Zutaten für den Mürbeteig auf die Arbeitsplatte häufen, mit zwei Messern hacken, mit den Händen zusammenkneten und kühl stellen.

Für die Vanillecreme einen Pudding nach Vorschrift kochen, abkühlen lassen und immer wieder durchrühren, damit sich keine Haut bildet.

Zwischenzeitlich den Rhabarber schälen und in 2 cm Stücke schneiden oder die Johannisbeeren entstielen.

Die Eigelb mit Zucker schaumig rühren, mit dem Philadelphia gut verrühren und lauwarmen Pudding auf kleinster Rührstufe zufügen.

Den Mürbeteig in eine gefettete Tortenform, Ø 28 cm, legen, Rand ca. 3 cm hoch drücken und mit einem Zackenrädchen die Kante abrollen. Den Boden mit einer Gabel mehrmals einstechen, Puddingcreme mit Rhabarber oder Johannisbeeren mischen und auf den Teig füllen.

Backen: *Vorgeheizt, O/U-Hitze 180°, ca. 50 min, mittlere Schiene*

Mit Baiser nochmals auf 210° ca.10 min backen

Nach ca. 45 min Backzeit die 3 Eiweiß zu sehr steifem Schnee schlagen, Zucker und Vanille-Zucker einrieseln lassen, Zitronensaft zufügen und in einen Spritzbeutel mit runder oder sternförmiger Tülle füllen.

Den 50 min vorgebackenen Kuchen aus dem Ofen nehmen und die Temperatur sofort auf 210° einstellen. Den Kuchen mit beliebigem Muster verzieren und nochmals ca. 10 min in den Backofen schieben bei erhöhter Temperatur!

Kuchen nicht stürzen! Mit einem Messer lediglich den Baiserguss noch warm vorsichtig vom Rand der Tortenform lösen und den Kuchen in der Tortenform auskühlen lassen.

Frisch aus dem Kühlschrank serviert ein herrlicher Genuss!

Tipp: *Dieses Rezept schmeckt auch mit Aprikosen, Himbeeren, Heidelbeeren oder Stachelbeeren.*

Sekt-Apfelkuchen

Mürbeteig:

250 g Mehl
1 gestr. TL Backpulver
125 g Zucker
125 g Butter
1 Ei

Belag:

1 kg Äpfel
3/4 l Sekt
150 g Zucker
2 P. Vanille-Puddingpulver

Garnitur:

400 ml Sahne
2 P. Sahnesteif
100 g Krokant

Sekt-Apfelkuchen

– Spezialität von Ilonas Mutter

Die Zutaten für den Mürbeteig auf der Arbeitsfläche mit zwei Messern hacken, mit den Händen zusammenkneten und kühl stellen. Äpfel schälen, vom Kernhaus befreien und grob hobeln. Den Teig in eine gefettete Tortenform, Ø 28 cm, legen, Rand ca. 4 cm hochdrücken und mit einem Zackenrädchen abrollen. Den Boden mit einer Gabel mehrmals einstechen.

Zucker und Vanille-Puddingpulver mit wenig Wasser anrühren und in den kochenden Sekt einrühren. Etwas abkühlen lassen, dann Äpfel darunter mischen und auf dem Mürbeteigboden verteilen.

Backen: *Vorgeheizt, O/U-Hitze 180°, ca. 70 min, mittlere Schiene*

Den Kuchen etwas abkühlen lassen, vorsichtig am Rand mit dem Messer lösen. Kuchen nicht stürzen! Auf dem Kuchengitter auskühlen lassen. Die Sahne langsam anschlagen, Sahnesteif zufügen und sehr steif schlagen, dann die Sahne auf den Sektkuchen streichen. Mit Krokant bestreuen.

Mandarinenkuchen

Mürbeteig:

250 g Mehl
1 gestr. TL Backpulver
100 g Zucker
125 g Butter
1 Ei

Füllung:

500 ml Milch
2 gestr. EL Zucker
1 P. Vanille-Puddingpulver
1 gestr. EL Stärkemehl
2 Eier
2 gestr. EL Zucker
200 g Philadelphia-Frischkäse
200 g Schmand
ca. 600 g Mandarinen

Guss:

1 klarer Tortenguss
1/4 l Mandarinensaft
1 gestr. EL Zucker

Mandarinenkuchen

– frisch und fruchtig, so mag's Tobias

Die Zutaten für den Mürbeteig auf einer Arbeitsfläche mit zwei Messern hacken, mit den Händen zusammenkneten und kühl stellen.

Vanille-Puddingpulver mit Stärkemehl und Zucker mischen und mit etwas Milch verrühren, restliche Milch erhitzen und Pudding kochen. Beim Abkühlen ab und zu durchrühren, damit sich keine Haut bildet. Die Mandarinen zum Abtropfen über ein Sieb schütten (Saft für Tortenguss bereit halten). Eigelb und Zucker sehr schaumig rühren, erst Philadelphia zufügen und glatt rühren, dann Schmand und den kalten Pudding zufügen. Eiweiß zu sehr steifem Schnee schlagen und mit dem Schneebesen unterziehen.

Den Mürbeteig auswellen und in eine Tortenform, Ø 28 cm, legen, Rand ca. 3 cm hochdrücken, mit dem Zackenrädchen abrollen und den Boden mit einer Gabel mehrmals einstechen. Die Puddingmasse auf den Mürbeteig füllen, glatt streichen und die gut abgetropften Mandarinenschnitze kreisförmig (oder in sonstigen Mustern) auf die Puddingmasse legen.

Tipp – Baiser statt Sahne:
Für den Mürbeteig 2 Eigelb verwenden (anstatt ein ganzes Ei) und mit den 2 Eiweiß einen Baiserguss anstatt Sahne über den Kuchen streichen.
Eiweiß steif schlagen, 100 g Zucker und 1 Prise Zimt einrieseln lassen und über den 60 min gebackenen Kuchen streichen. Dann nochmals ca. 15 min backen.

Backen: *Vorgeheizt, O/U-Hitze 180°, ca. 60 min, mittlere Schiene*

Nach dem Auskühlen des Kuchens mit dem Mandarinensaft einen klaren Tortenguss nach Anleitung zubereiten, auf dem Kuchen verteilen.

Tipp: *Dieser Kuchen sollte einige Stunden (oder über Nacht) gut gekühlt werden, erst dann wird er richtig schnittfest!*

Karotten-Ananas-Kuchen
Rührteig:
3 Eier
200 g Zucker
1 P. Vanille-Zucker
1 gestr. TL Salz
200 ml Öl
230 g Mehl
1 P. Backpulver
2 gestr. TL Zimt
250 g gem. Mandeln
500 g Karotten
400 g Ananas
150 g Rum-Sultaninen

Glasur:
„Cream Cheese Frosting"
100 g Butter
30 g Puderzucker
300 g Philadelphia-Frischkäse
2 geh. EL Ananas

Garnitur:
Marzipan- oder Zuckerkarotten

Karotten-Ananas-Kuchen

– Erikas saftiger „Carrot-Cake" aus den U.S.A.

Eier, Zucker, Vanille-Zucker und Salz sehr schaumig schlagen. Öl in die Masse langsam einlaufen lassen und kurz rühren. Mehl, Backpulver, Zimt und Mandeln mischen und unter die Eiermasse rühren, fein geriebene Karotten, geraspelte oder sehr fein geschnittene Ananas (2 EL für Glasur zurück behalten) und Sultaninen unterrühren.

Eine Tortenform, Ø 28 cm, einfetten, mit Backpapier auslegen und den Teig einfüllen.

Backen: *Vorgeheizt, O/U-Hitze 180°, ca. 70 min, mittlere Schiene*

In der Form auskühlen lassen, dann stürzen und das Backpapier abziehen.

Für die Glasur Butter und Puderzucker schaumig rühren, Philadelphia kurz untermischen, Ananas zufügen und auf den Kuchen streichen. Mit Marzipan- oder Zuckerkarotten garnieren.

Tipp: *Diese Torte schmeckt sehr frisch und saftig und muss gut gekühlt serviert werden.*

Versunkener Kirschkuchen
Rührteig:
5 Eier
200 g weiche Butter
180 g Zucker
1 P. Vanille-Zucker
1 gestr. EL. Zimt
180 g Mehl
2 gestr. TL Backpulver
3 EL Rum
150 g gem. Mandeln
100 g Schokoladenraspel
ca. 500 g Sauerkirschen
Puderzucker zum Bestäuben

Versunkener Kirschkuchen

– schnell gerührt und sehr lecker

Die Eier trennen, Eiweiß zu sehr steifem Schnee schlagen. Die weiche Butter mit dem Zucker, Vanille-Zucker und Zimt schaumig rühren, die Eigelb nach und nach zufügen. Mehl, Backpulver, Rum, Mandeln und Schokoladenraspel noch kurz in den Teig rühren. Zuletzt den Eischnee mit einem Schneebesen unterziehen.

Den Teig in eine gefettete, am Boden mit Backpapier ausgelegte Tortenform, Ø 28 cm, füllen. Die gut abgetropften, entkernten Sauerkirschen (frisch oder aus dem Glas) über den Teig verteilen.

Backen: *Vorgeheizt, O/U-Hitze 180°, ca. 60 min, mittlere Schiene.*

Danach auskühlen lassen, aus der Form lösen, kann gestürzt werden, Backpapier abziehen und mit Puderzucker bestäuben.

Tipp: *Dieser Kuchen schmeckt auch mit Heidelbeeren sehr lecker. Zwei Drittel des Teiges in die Form streichen, die Heidelbeeren darüber verteilen, dann den Restteig darüber streichen.*

Streusel-Obstkuchen
Rührteig:
250 g weiche Butter
200 g Zucker
1 P. Vanille-Zucker
1 geh. TL Zimt
1 Prise Salz
1 Ei
500 g Mehl
1 gestr. TL Backpulver
ca. 800 g Obst

Füllung:
2 Eier
50 g Zucker
200 g Philadelphia-Frischkäse oder Quark
1 gestr. EL Vanille-Pudding-pulver

Streusel-Obstkuchen

– durch und durch knusprig

Zubereitung Streuselteig:

Weiche Butter schaumig rühren, Zucker, Vanille-Zucker, Salz, Zimt und Ei zufügen und nochmal gut verrühren. Danach mit dem Mehl und dem Backpulver kurz verrühren, das ergibt eine streuselige Masse.

3/4 des Teiges in eine gefettete Käsekuchenform, Ø 28 cm, leicht festdrücken und 3 cm Rand hochziehen.

Zubereitung Füllung:

Für die Füllung Eier und Zucker sehr schaumig schlagen, Philadelphia und das Puddingpulver unterrühren.

Diese Frischkäsemasse auf den Streuselboden füllen, dann beliebiges Obst darauf verteilen, z.B. Äpfel, Aprikosen, Heidelbeeren, Himbeeren, Pfirsiche, Nektarinen, Rhabarber, Sauerkirschen oder Zwetschgen etc.

Dem Restteig noch einen gestrichenen EL Mehl zufügen, kurz mit dem Schneebesen der Küchenmaschine auf höchster Stufe bröselig rühren und diese Streusel über das Obst verteilen.

Backen: *Vorgeheizt, O/U-Hitze 180°, ca. 60 min, mittlere Schiene*

Kuchen ca. 30 min abkühlen lassen, dann aus der Form lösen. Nicht stürzen.

Zwetschgenkuchen
Mürbeteig:
250 g Mehl
100 g Zucker
1 P. Vanille-Zucker
1 Ei
125 g Butter

Belag:
ca. 1250 g Zwetschgen
4 EL Semmelbrösel
50 g Mandelblättchen
1 EL Zucker/Zimtmischung

Gittervariante:
2 Platten Blätterteig, tiefgefroren
1 Eigelb
1 TL Milch

Zwetschgenkuchen

– ein geschätzter Klassiker

Die Zutaten für den Mürbeteig auf die Arbeitsfläche häufen, mit zwei Messern hacken und mit den Händen zusammenkneten, danach kühl stellen. Zwetschgen waschen, mit einem Zwetschgenentkerner aufdrücken oder mit einem Küchenmesser aufschneiden, Kern entfernen und dreimal einschneiden.

Käsekuchenform, Ø 28 cm, einfetten, den Teig ausrollen und in die Form legen, Rand hochdrücken. Boden mehrmals mit einer Gabel einstechen. Rand mit Zackenrädchen abrollen. Semmelbrösel auf den Mürbeteigboden streuen und die Zwetschgen schön von außen nach innen steil stellen. Mit den Mandeln und der Zucker/Zimtmischung bestreuen.

Backen: *Vorgeheizt, O/U-Hitze 200°, ca. 50 - 60 min, mittlere Schiene*

Kuchen in der Form gut abkühlen lassen, dann den Rand lösen und mit einem Kuchenretter vom Blech nehmen.

Gittervariante:

Aufgetaute Blätterteigplatten mit Wasser bepinseln, übereinander legen und ca. 30 x 15 cm auswellen. Mit einem Gitterroller das Muster einschneiden, auseinander ziehen und mit einem Kuchenretter auf die Zwetschgen legen. Reste abschneiden. Gitter mit Eigelb/Milch bestreichen.

Käsekuchen, einfach

Käsemasse:

4 Eigelb
150 g Zucker
500 g Quark (20%)
2 geh. EL Mehl
1 P. Vanille-Soßenpulver
3/8 l Milch
4 Eiweiß

Käsekuchen

– einfach und vielseitig kombinierbar

Eigelb und Zucker schaumig rühren, Quark zufügen und mit Mehl, Soßenpulver und Milch nacheinander gut verrühren. Eiweiß zu steifem Schnee schlagen und mit dem Schneebesen unter die Käsemasse ziehen.

Dieses Grundrezept ist vielseitig einsetzbar. Käsekuchenform, Ø 26-28 cm, einfetten.

Mit Mürbeteig (Rezept Seite 48 Quark-Mandel-Kuchen) oder mit Hefeteig (die Hälfte des Grundrezeptes Seite 8) kombinieren.

1. Variante:

Teig in die Form legen, mit einer Gabel mehrmals einstechen, Käsemasse mit 100 g Sultaninen mischen und einfüllen.

Käsekuchen, fein

Mürbeteig:

350 g Mehl
150 g Zucker
1 Ei + 1 Eigelb
175 g Butter

Käsemasse:

4 Eier
1 Eiweiß
150 g Zucker
200 g Philadelphia-Frischkäse
250 g Quark (20%)
3 EL Zitronensaft
1/8 l Milch
2 geh. EL Mehl
1 P. Vanille-Puddingpulver

Käsekuchen

– edel und sehr fein

Die Zutaten für den Mürbeteig auf die Arbeitsplatte häufen, mit zwei Messer hacken, mit den Händen zusammenkneten und kühlen. Käsekuchenform, Ø 28 cm, einfetten.

Eier trennen. (Achtung: Für das Bestreichen der Rähmchen 1 TL Eigelb in eine Tasse geben und mit 1 TL Milch verrühren und in den Kühlschrank stellen). Eiweiß zu sehr steifem Schnee schlagen. In einer extra Schüssel Eigelb und Zucker schaumig schlagen, Philadelphia in der Eimasse glattrühren, Quark, Zitronensaft, Milch, Mehl und Puddingpulver nach und nach zufügen. Den Eischnee mit einem Schneebesen locker unterheben.

1/5 des Mürbeteiges für Rähmchen reservieren, restlichen Teig auswellen und in die Form legen. Rand ca. 3 cm hochdrücken, mit Zackenrädchen abrollen. Boden mehrmals mit Gabel einstechen. Käse einfüllen. Nun den Restteig auswellen, mit dem Zackenrädchen schmale Rähmchen rollen und gleichmäßig auf dem Kuchen anordnen. Die Rähmchen mit dem Eigelb/Milchgemisch bestreichen.

Backen: *Vorgeheizt, O/U-Hitze 180°, ca. 60 min, untere Schiene*

Kuchen in der Form auskühlen lassen, vor Zugluft schützen und nicht stürzen!

2. Variante:

Teig in die Form legen, mit einer Gabel mehrmals einstechen, mit beliebigem Obst belegen (z.B. Äpfel oder Sauerkirschen), Käsemasse darüber streichen.

Backen: *Vorgeheizt, O/U-Hitze 180°, ca. 45 min (ohne Obst) ca. 60 min mit Obst, untere Schiene*

Käsekuchen vor Zugluft schützen. Kann kalt gestürzt werden!

Eine Steigerung für meine Familie ist immer, wenn Obst im Käsekuchen ist, z.B. Äpfel, Aprikosen, Birnen, Brombeeren, Heidelbeeren, Himbeeren, Johannisbeeren, Mandarinen, Rhabarber, Sauerkirschen, etc.!

Auf den Mürbeteig etwa 1/3 der Käsemasse streichen und ca. 500 g Früchte darauf verteilen. Das hat den Vorteil, dass das Obst den Boden nicht durchweicht. Die restliche Käsemasse über die Früchte verteilen. Die Backzeit verlängert sich dadurch ca. 10 min.

Philadelphia-Kuchen

Mürbeteig:

150 g weiche Butter
120 g Puderzucker
1 Ei
280 g Mehl

Füllung:

2 EL Kokosflocken
ca. 250 g Brombeeren
3 Nektarinen

Käsemasse:

4 Eier
150 g Zucker
400 g Philadelphia
400 g Sauerrahm
1 P. Vanille-Puddingpulver

Zum Bestreuen:

2 - 3 EL Kokosflocken

Philadelphia-Kuchen

– meine Lieblingsvariante von Erikas U.S.A. Rezept

Für den Mürbeteig die Butter, Puderzucker, Ei und Mehl in der Küchenmaschine schnell verkneten und mindestens eine Std kalt stellen. Käsekuchenform, Ø 26 cm, einfetten.

Mürbeteig auswellen, in die Form legen, Rand ca. 4 cm hoch drücken und mit dem Zackenrädchen abrollen. Boden mehrmals mit einer Gabel einstechen, Kokosflocken darüber verteilen. Die Brombeeren und Nektarinenschnitze im Wechsel kreisrund legen.

Eier trennen, Eiweiß zu sehr steifem Schnee schlagen. Eigelb mit Zucker schaumig rühren, Philadelphia mit der Masse glatt rühren, Rahm und das Puddingpulver zufügen. Zuletzt den Eischnee mit dem Schneebesen unterziehen. Die Käsemasse über das Obst streichen, mit Kokosflocken bestreuen und sofort in den Backofen schieben.

Backen: *Vorgeheizt, O/U-Hitze 180°, ca. 60 - 70 min, untere Schiene*

Wenn der Kuchen fertig gebacken ist, den Backofen ausschalten, Backofentür ganz öffnen und den Kuchen noch 10 min im Ofen stehen lassen. Käsekuchen vor Zugluft schützen, muss in der Form auskühlen, nicht stürzen!

Tipp: *Dieser Kuchen schmeckt auch ohne Obst oder mit anderen Obstsorten sehr lecker.*

Quark-Mandel-Kuchen

Mürbeteig:

250 g Mehl
100 g Zucker
1 Ei
125 g Butter

Belag:

500 g Kirschen

Quarkmasse:

4 Eier
125 g Zucker
500 g Quark (20%)
250 g Schmand (24 %)
2 gestr. TL Zimt
1 MS Nelken
150 g gem. Mandeln
2 P. Vanille-Puddingpulver
1 P. Backpulver
2 EL Mandellikör

Zum Bestäuben:

Puderzucker

Quark-Mandel-Kuchen

– würzig und saftig

Die Zutaten für den Mürbeteig auf eine Arbeitsfläche häufen und mit zwei Messern hacken, mit den Händen zusammenkneten und kühl stellen.

Frische Früchte entsprechend vorbereiten, entstielen und entsteinen, oder Früchte aus dem Glas abtropfen lassen. Für die Quarkmasse die Eier trennen. Eiweiß zu sehr steifem Schnee schlagen. Eigelb mit Zucker schaumig rühren. Quark, Gewürze, Mandeln (ohne Schale gemahlen), Pudding- und Backpulver in diese Masse rühren, mit Mandellikör vermischen. Eischnee mit dem Schneebesen unterziehen.

Mürbeteig auswellen und in eine Käsekuchenform, Ø 28 cm, legen, Rand 4 cm hochziehen und mit einem Zackenrädchen abrollen. Boden mehrmals mit einer Gabel einstechen. Ein Drittel der Käsemasse auf den Boden streichen, Früchte darüber verteilen und restliche Käsemasse einfüllen und glatt streichen.

Backen: *Vorgeheizt, O/U-Hitze 180°, ca. 60 min, untere Schiene*

Kuchen vor Zugluft schützen, in der Form auskühlen lassen, nicht stürzen!

Kuchen mit Puderzucker bestäuben.

1001-Nacht-Torte

– märchenhafte Baisertürmchen, schnell gezaubert

1001-Nacht-Torte

Rührteig:

200 g Butter
160 g Zucker
1 P. Vanille-Zucker
4 Eier
2 EL Rum
200 g Mehl
2 gestr. TL Backpulver

Baisermasse:

2 Eiweiß
90 g Zucker
1 P. Vanille-Zucker
1 gestr. TL Zimt

Füllung:

ca. 500 g Früchte
1/2 l süße Sahne
2 P. Sahnesteif

Butter schaumig rühren und nach und nach den Zucker, Vanille-Zucker und Eier zufügen. Das mit Backpulver gemischte Mehl löffelweise unterrühren, Rum zufügen.

Eine Tortenform, max. Ø 26 cm, an Boden und Rand einfetten (kein Backpapier verwenden), den Teig einfüllen und in den Ofen stellen.

Backen: *Vorgeheizt, O/U-Hitze 180°, ca. 30 min, mittlere Schiene*

Nach ca. 25 min Backzeit die zwei Eiweiß zu sehr steifem Schnee schlagen, die Zucker-, Vanille-Zucker- und Zimtmischung einrieseln lassen. Den Eischnee in einen Spritzbeutel mit Sterntülle füllen, auf den vorgebackenen, heißen Kuchen spritzen und sofort wieder in den Ofen stellen.

Backen: *O/U-Hitze 160°, ca. 15 min, mittlere Schiene*

Den Kuchen etwas abkühlen lassen und aus der Form lösen.

Für die Füllung Früchte der Saison (z.B. Erdbeeren, Himbeeren, Heidelbeeren, Johannisbeeren) verwenden, aber auch Dosenfrüchte (Ananas, Aprikosen oder Sauerkirschen) sind sehr lecker.

Die Sahne auf kleiner Stufe anschlagen, Sahnesteif zufügen und auf höchster Stufe rühren, bis die Sahne steif ist. Die Torte einmal durchschneiden, das Oberteil vorsichtig mit einem flachen Kuchenretter abheben, Obst und Sahne auf dem Boden verteilen und den Häubchenboden vorsichtig darüber legen und etwas andrücken.

Wolkentorte

– Schwägerin Maikes Variation aus Philippsburg

Wolkentorte
Rührteig und Füllung wie 1001 Torte
Rührteig jedoch in eine Tortenform, Ø 28 cm, füllen

Eischnee-Wolken:

5 Eiweiß
1 Prise Salz
230 g Zucker
2 P. Vanille-Zucker

Eiweiß mit Salz sehr steif schlagen. Zucker und Vanille-Zucker einrieseln lassen.

Ein Backblech einfetten und mit Backpapier belegen, Edelstahlring auf Ø 28 cm ausziehen und ungefettet auf das Backblech legen. Die Baisermasse mit einem Löffel wolkenförmig einfüllen.

Backen: *Vorgeheizt, O/U-Hitze 200°. Zum Backen die Hitze reduzieren auf 160°, 20 min, untere Schiene. Dann bei 120° noch ca. 80 min bei leicht geöffneter Backofentür trocknen lassen, evtl. einen Holzkochlöffel in die Backofentür klemmen*

Füllung auf den Tortenboden streichen, kalten Wolkenbaiser vorsichtig mit einem Kuchenretter auf die Sahne setzen.

Ananas-Joghurt-Sonne

– exotische Erfrischung

Mürbeteig:
125 g Mehl
50 g Zucker
80 g Butter
1 Eigelb

Biskuit:
4 Eier
1 Eiweiß
120 g Zucker
1 P. Vanille-Zucker
2 EL Wasser
20 g Mehl
50 g Speisestärke
30 g Kakao
1 gestr. TL Backpulver

Füllung:
6 Blatt Gelatine
500 g Naturjoghurt
ca. 500 g Ananasscheiben
500 ml Sahne

Garnitur:
ca. 40 g Kokosraspel
3 Ananasscheiben

Die Zutaten für den Mürbeteig auf eine Arbeitsfläche häufen, mit zwei Messern hacken, mit den Händen zusammenkneten und kühl stellen.

Eine Tortenform, Ø 28 cm, nur am Boden einfetten. Mürbeteig auswellen, glatt in die Form legen und mehrmals mit einer Gabel einstechen.

Backen: *Vorgeheizt, O/U-Hitze, 180°, 12 min, mittlere Schiene*

Für den Biskuit Eier, Eiweiß, Zucker, Vanille-Zucker und lauwarmes Wasser sehr schaumig rühren. Mehl, Speisestärke, Kakao und Backpulver mischen und mit einem Schneebesen unter die Eiermasse ziehen. Sofort den Biskuitteig auf den vorgebackenen Mürbeteig verteilen.

Backen: *noch ca. 20 min, mittlere Schiene*

Den Kuchen ca. 10 min abkühlen lassen, dann vorsichtig aus der Form lösen. Die Kokosraspel in einer Pfanne ohne Fett anrösten und auf einem Teller abkühlen lassen.

Nach dem Erkalten den Kuchen einmal durchschneiden, Boden auf eine Tortenplatte legen und mit einem Tortenring umschließen. Diesen vorher dünn mit Öl bepinseln und mit Puderzucker bestäuben.

Für die Füllung die Gelatine einweichen, Ananas abtropfen lassen, 3 Scheiben für die Dekoration zur Seite legen, die restlichen Ananas fein schneiden. Sahne sehr steif schlagen, Joghurt in einer Schüssel mit den Ananasstückchen vermischen, Gelatine ausdrücken und mit 2 EL Ananassaft auflösen (Micro bei 600 W ca. 20 sec oder im Topf erwärmen).

Die Gelatine unter die Joghurtmasse rühren, die Sahne unterziehen und die Hälfte dieser Masse auf den Tortenboden verteilen. Deckel darüber legen, etwas andrücken. Restliche Masse auf die Torte streichen, die Ananas in gleichmäßige Stücke schneiden und schön anordnen. Die Zwischenräume mit Kokosraspel bestreuen. Ananastorte im Kühlschrank mindestens 3 Stunden erstarren lassen.

Rührteig:
4 Eiweiß
1 Prise Salz
150 g Butter
180 g Zucker
4 Eigelb
150 g Mehl
75 g Speisestärke
2 geh. TL Backpulver
2 EL Orangenlikör

Füllung:
ca. 1200 g Apfelbrei
8 Blatt helle Gelatine
1 EL Zucker/Zimt
600 ml süße Sahne
2 P. Sahnesteif
1 EL Puderzucker

Garnitur:
200 g halbe Walnüsse
2 EL Zucker
2 EL Schokosoße

Apfel-Volltreffer

– leicht und erfrischend

Tortenform, Ø 28 cm, einfetten und exakt mit Backpapier auslegen.

Für den Rührteig die Eier trennen und Eiweiß mit Salz zu sehr steifem Schnee schlagen. Weiche Butter rühren, Zucker und Eigelb zufügen und zu einer schaumigen Masse verarbeiten. Mehl, Speisestärke, Backpulver und Likör in die Eiermasse rühren, Eischnee mit Schneebesen locker unterziehen. Sofort in die Tortenform füllen und backen.

Backen: *Vorgeheizt, O/U-Hitze 180°, ca. 40 - 45 min, mittlere Schiene*

Kuchen etwas abkühlen lassen, aus der Form lösen und Papier abziehen.

Zwei EL Zucker in einer Pfanne auflösen und leicht bräunen, die Walnusskerne zufügen und karamelisieren (Achtung: Die Kerne kleben zusammen!), dann sofort auf einen Teller legen, damit sie in der Pfanne nicht nachdunkeln. Nach dem Erkalten vorsichtig auseinanderbrechen.

Für die Apfelfüllung den Apfelbrei aus dem Glas mit Zucker und Zimt mischen. Gelatine in kaltes Wasser einweichen, erhitzen und aufgelöst unter den Brei rühren.

Oder den Apfelbrei selbst mit 1 1/2 kg Äpfel herstellen: Äpfel schälen, Schnitze schneiden, Kernhaus entfernen und mit 2 EL Wasser, Zucker und Zimt (nach Belieben) aufkochen und fein mixen. Die Gelatine eingeweicht in den heißen Brei rühren und auflösen.

Sahne langsam anschlagen, Sahnesteif und Puderzucker zufügen und auf höchster Stufe steif schlagen.

Den Kuchen einmal durchschneiden und den Boden auf eine Tortenplatte legen. Sahne in eine Tortenspritze oder Spritzbeutel mit großer runder Lochtülle füllen und einen Rand auf den Tortenboden spritzen und in der Mitte des Bodens einen Sahnering von 8 cm Ø. In die Zwischenräume Apfelbrei füllen.

Den 2. Boden darüber legen und etwas andrücken. Auf der Torte ebenfalls einen Sahnering am Rand ziehen, in der Mitte einen Punkt und zwischen Außenring und Mittelpunkt nochmals einen Sahnering spritzen. Restliche Sahne am Rand verstreichen. Den restlichen Apfelbrei mit einem Löffel in die Zwischenräume füllen.

In eine kleine Tortenspritze mit sehr feiner Tülle die Schokosoße füllen und die Ringe nachziehen. Mit Zahnstocher die Schokosoße nach Belieben verziehen. Mit halben Walnüssen garnieren, den Rest der karamelisierten Nüsse fein hacken und am Rand der Torte andrücken.

Mürbeteig:
125 g Mehl
50 g Zucker
80 g Butter
1 Eigelb
2 EL Johannisbeergelee
ca. 150 g halbe Walnüsse
2 TL Zucker/Zimt

Mandelbiskuit:
4 Eier
1 Eiweiß
150 g Zucker
80 g gem. Mandeln
100 g Mehl
50 g Speisestärke
1 geh. EL Kakao
1 geh. TL Backpulver

Füllung:
ca. 900 g Williams-Birnen
6 Blatt Gelatine
500 ml Sahne
500 g Vanille-Joghurt

Garnitur:
0,1 l Eierlikör
2 Blatt Gelatine
30 g Schokoladenguss

Birne „Schachmatt“

– etwas für Ästheten

Mehl, Zucker, Butter und Eigelb auf der Arbeitsfläche mit zwei Messern hacken und mit den Händen zusammenkneten. Teig ca. 1 Std kühlen. Eine Tortenform, Ø 26 cm, nur am Boden einfetten. Den Mürbeteig dünn auswellen und flach in die Tortenform legen, mehrmals mit einer Gabel einstechen, Gelee darüber verteilen, die halbierten Walnüsse leicht auf den Boden drücken und mit Zucker/Zimtmischung bestreuen.

Backen: *Vorgeheizt, O/U-Hitze 180°, 15 min, mittlere Schiene*

Während der Backzeit des Mürbeteigbodens den dunklen Rührteig herstellen: Eier und Eiweiß mit dem Zucker sehr schaumig schlagen, Mandeln zufügen, Mehl, Speisestärke, Kakao und Backpulver zusammen sieben und locker mit dem Schneebesen unter die Eiermasse ziehen. Mandelteig auf den vorgebackenen Mürbeteigboden streichen.

Backen: *O/U-Hitze 180°, ca. 35 min, mittlere Schiene*

Den Kuchen in der Form ca. 10 min abkühlen lassen, mit einem Messer den Rand lösen, einen Kuchenretter vorsichtig unter den Mürbeteig schieben und auf einem Kuchengitter gut auskühlen lassen. Den Kuchen so aufschneiden, dass der Mandelbiskuit halbiert wird. Unteren Boden mit dem Mürbeteig auf eine Tortenplatte legen. Oberen Boden flach auf einen Kuchenretter legen und mit einem spitzen Messer Kreise schneiden. Entsprechend große Teller und Gläser verwenden, ideal sind Ringe von 7, 13 und 19 cm Ø.

Für die Füllung die Gelatine in kaltem Wasser einweichen. Die Birnen über ein Sieb schütten. Acht schöne halbe Birnen für die Garnitur zur Seite legen, die restlichen Birnen im Mixer pürieren. Sahne steif schlagen. Gelatine gut ausdrücken, dann mit 5 EL Birnensaft erwärmen, bis sie aufgelöst ist (Micro 20 sec, 600 W) und in das Birnenpüree rühren. Joghurt zufügen und die Sahne unterheben. Den Tortenboden dünn mit der Birnenmasse bestreichen und den großen Ring und den mittleren Ring vorsichtig auf den Tortenboden legen.

Einen Edelstahl- oder Kunststofftortenring dünn mit Öl bestreichen, mit Puderzucker bestäuben und dem Tortenboden anpassen. Dann die Zwischenräume der Ringe mit der Birnenmasse füllen und glatt streichen. Darüber die nächsten zwei Ringe (versetzt) legen, mit der restlichen Birnenmasse auffüllen und alles glatt streichen. Die Birnenhälften nochmals durchschneiden und die 16 Schnitze kreisförmig auf den Kuchen legen.

Die Torte mindestens 2 Stunden im Kühlschrank erstarren lassen.

Zwei Blatt Gelatine einweichen, ausdrücken und mit einem EL Wasser auflösen, mit dem Eierlikör vermischen und gleichmäßig über die Torte verteilen. Schokoguss erwärmen und mit einer feinen Tortenspritze beliebige Linien über die Torte ziehen. Mindestens zwei Stunden im Kühlschrank kühlen, danach erst den Tortenring lösen.

Biskuit-Sahne-Roulade

Biskuit:

4 Eigelb
4 EL Wasser
200 g Zucker
1 P. Vanille-Zucker
100 g Mehl
20 g Stärkemehl
30 g Kakao
1 gestr. TL Backpulver
4 Eiweiß

Füllung:

1/2 l Sahne
2 P. Sahnesteif
1 P. Vanille-Zucker
ca. 500 g Früchte der Saison

Biskuit-Sahne-Roulade

– zergeht auf der Zunge

Backblech einfetten und mit Backpapier exakt belegen.

Eigelb, lauwarmes Wasser, Zucker und Vanille-Zucker zu einem schönen Schaum schlagen. Mehl, Stärkemehl, Backpulver und Kakao gemischt mit dem Schneebesen unterziehen. Das Eiweiß sehr steif schlagen und ebenfalls mit dem Schneebesen locker unter den Teig heben. Teig sofort auf das Backblech streichen und backen.

Backen: *Vorgeheizt, O/U-Hitze 200°, ca. 20 min, mittlere Schiene*

Ein Geschirrtuch auf eine glatte Fläche ausbreiten, mit Zucker bestreuen. Die Biskuitplatte auf das Geschirrtuch stürzen und das Backpapier sofort abziehen. Sollte es festkleben, das Papier kurz mit Wasser einpinseln.

Die Biskuitplatte mit dem Geschirrtuch aufrollen, d.h. das Geschirrtuch mit in die Rolle wickeln und auskühlen lassen.

Sahne mit Sahnesteif und Vanille-Zucker steif schlagen, das Obst in Stücke schneiden. Die Roulade auseinander rollen, alles auf die Teigplatte streichen und wieder aufrollen. Mit Puderzucker bestäuben oder garnieren.

Tipp: *Für Stracciatella-Roulade die Sahnefüllung mit 100 g Schokostreusel und Bananenstückchen (mit Zitronensaft beträufeln) mischen.*

Zitronenrolle

Biskuit:

6 Eier
6 EL Zucker
1 P. Vanille-Zucker
3 geh. EL Mehl
1 gestr. TL Backpulver

Füllung:

1 P. Aranca-Creme Zitrone (Dr.Oetker)
Saft 1/2 Zitrone
1/2 l Sahne
Zum Bestäuben:
Puderzucker

Zitronenrolle

– die flotte Rolle meiner Schwägerin Bettina

Backblech einfetten und mit Backpapier exakt belegen.

Eier, Zucker und Vanille-Zucker schlagen, bis die Masse hell und sehr schaumig ist. Mehl und Backpulver mischen und mit einem Schneebesen locker unterziehen. Den Teig auf das Blech streichen und sofort backen.

Backen: *Vorgeheizt, O/U-Hitze 200°, ca. 25 min, mittlere Schiene*

Ein Geschirrtuch auf der Arbeitsplatte ausbreiten, mit Zucker bestreuen und die Teigplatte sofort nach dem Backen auf das Tuch stürzen. Papier abziehen und vorsichtig das Geschirrtuch in den Biskuit rollen. Abkühlen lassen.

Für die Füllung die Aranca-Creme nach Vorschrift, jedoch mit Wasser zubereiten und die steif geschlagene Sahne unterziehen. Die Roulade aufrollen, die Zitronencreme auf die Teigplatte streichen und wieder aufrollen. Mit Puderzucker bestäuben.

Tipp: *Sehr lecker schmeckt diese Roulade mit ca. 300 g kleinen, kernlosen Trauben.*

Charlotte

Biskuit:

4 Eier
140 g Zucker
2 EL Wasser
80 g Mehl
50 g Speisestärke
1 gestr. TL Backpulver

Zum Bestreichen:

ca. 6 EL Erdbeermarmelade

Füllung:

6 Blatt Gelatine
200 g Philadelphia
500 g Erdbeer-Joghurt
200 ml Sahne
ca. 250 g Erdbeeren
1 gestr. EL Zucker

Guss:

1 P. klarer Tortenguss
150 ml Apfelsaft
100 ml Wasser
1 gestr. EL Zucker

Charlotte

– die kleine, runde Süße

Backblech einfetten und mit Backpapier exakt belegen. Eier trennen und Eiweiß zu steifem Schnee schlagen. Eigelb, Zucker und lauwarmes Wasser sehr schaumig rühren, bis eine helle Creme entsteht. Mehl, Speisestärke und Backpulver gemischt mit dem Schneebesen unterziehen, ebenfalls den Eischnee locker unter den Teig ziehen und sofort auf das Backblech streichen.

Backen: *Vorgeheizt, O/U-Hitze 200°, ca. 15 min, mittlere Schiene*

Ein Geschirrtuch auf die Arbeitsfläche ausbreiten und mit 1 EL Zucker bestreuen. Die Biskuitplatte sofort nach dem Backen auf das Tuch stürzen und Papier vorsichtig abziehen. Die Marmelade auf den Biskuit streichen, sofort eng zusammenrollen und auskühlen lassen.

Eine runde Schüssel (ca. 3 l Fassungsvermögen) mit Frischhaltefolie ausschlagen. Die Roulade in 1 cm dicke Scheiben schneiden und eng aneinander in die Schüssel legen. 10 Scheiben für den Boden reservieren.

Für die Füllung die Gelatine einweichen, Philadelphia und Zucker verrühren, Joghurt zufügen, Sahne steif schlagen, Gelatine ausdrücken und im Topf erwärmen, bis sie aufgelöst ist oder in der Micro ca.20 sec bei 600 W auflösen. Gelatine in die Joghurtmasse rühren. Dann die Sahne mit dem Schneebesen locker unterziehen.

Charlotten-Torte

Biskuitrolle, Füllung und Guss wie bei Charlotte, aber zusätzlich noch einen Tortenboden backen

Biskuit:

2 Eier
1 EL Wasser
70 g Zucker
1 P. Vanille-Zucker
40 g Mehl
25 g Speisestärke
1 MS Backpulver

Charlotten-Torte

– die große Schwester der Halbkugel

Tortenform, Ø 28 cm, nur am Boden einfetten und exakt mit Backpapier auslegen. Biskuit wie bei Charlotte zubereiten, Teig in die Form füllen und glatt streichen.

Backen: *Vorgeheizt, O/U-Hitze 200°, ca. 20 min, mittlere Schiene*

Den Rand des Biskuitbodens nach dem Backen sofort mit einem Messer lösen, auf einen Küchenrost stürzen und Backpapier abziehen.

Den kalten Biskuitboden auf einer Tortenplatte mit einem Tortenring (mit feinem Öl dünn bepinselt und mit Puderzucker bestäubt) umschließen. Die Hälfte der Charlottencreme auf den Boden streichen, Früchte darüber verteilen, 1 cm dicke Scheiben der Roulade als zweiten Boden auslegen, zweite Hälfte der Charlottencreme darüber streichen und die restlichen Rouladenscheiben als Deckel hübsch anordnen. Tortenguss zubereiten und von der Mitte

Die Hälfte der Joghurtmasse in die Schüssel füllen, die Erdbeeren darauf verteilen. Die restliche Joghurtcreme darüber streichen. Den Abschluss bilden Rouladenscheiben als Deckel bzw. Boden. Mit Frischhaltefolie abdecken und im Kühlschrank einige Stunden erstarren lassen. Danach auf eine Tortenplatte stürzen, Frischhaltefolie abziehen.

Tortengusspulver mit Zucker mischen und mit 5 EL von dem Apfelsaft-Wasser-gemisch im Topf verrühren, restliche Flüssigkeit zugießen, bei ständigem Rühren aufkochen, dann von der Mitte nach außen über die Charlotte verteilen.

nach außen über die Charlottentorte verteilen.

Im Kühlschrank mehrere Stunden kühlen und dann den Ring entfernen.

Tipp: *Charlotte kann mit allen Früchtesorten zubereitet werden, sieht jedoch mit rotem Obst am dekorativsten aus, z.B. Erdbeeren, Himbeeren, Johannisbeeren oder Kirschen. Entsprechend der Obstsorte die Marmelade und den Joghurt für die Füllung wählen.*

Donauwelle

Rührteig:

250 g Butter
200 g Zucker
1 P. Vanille-Zucker
6 Eier
400 g Mehl
1 P. Backpulver
1 EL Rum
2 gestr. EL Kakao
1 gestr. EL Zucker
2 EL Milch
-
ca. 1000 g Sauerkirschen

Puddingcreme:

3/4 l Milch
2 P. Vanille-Puddingpulver
80 g Zucker
20 g Kokosfett
250 g Butter
40 g Puderzucker

Guss:

300 g Kuvertüre
Vollmilch oder Zartbitter
30 g Kokosfett

Donauwelle

– weil das Wasser nicht in der Donau, aber im Munde zusammen läuft

Sauerkirschen auf einem Sieb abtropfen lassen.

Für den Rührteig die weiche Butter schaumig rühren, Zucker und Vanillezucker zufügen und nach und nach die Eier einarbeiten. Mehl, Backpulver und Rum in die Eiermasse rühren. 2/3 des Teiges auf ein gefettetes und mit Backpapier ausgelegtes Backblech streichen. Unter den Restteig Kakao, Milch und Zucker rühren und vorsichtig auf die helle Teigplatte streichen. Die abgetropften Sauerkirschen über den Teig streuen.

Backen: *Vorgeheizt, O/U-Hitze 180°, ca. 30 - 40 min, mittlere Schiene*

Den Kuchen auf dem Backblech auskühlen lassen. Pudding nach Vorschrift kochen und danach das Kokosfett im heißen Pudding auflösen. Von Zeit zu Zeit etwas umrühren, damit sich keine Haut bildet. Auf Zimmertemperatur abkühlen lassen. Für die Creme die zimmerwarme Butter sehr schaumig rühren, gesiebten Puderzucker zugeben, nach und nach löffelweise den Pudding zufügen und auf den kalten Kuchen streichen.

Einige Zeit in den Kühlschrank stellen, damit die Cremeoberfläche steif wird.

Kuvertüre (Schokolade temperieren, siehe Tipps Seite 7) auflösen und Kokosfett zufügen (das Fett macht die Kuvertüre geschmeidiger und sie lässt sich auf der Creme besser schneiden). Die flüssige Schokolade schnell über die Puddingcreme streichen und mit einem groben Sägemesser oder Zackenkamm wellenförmig dekorieren.

Kaffee-Sahnetorte

Rührteig:

6 Eier
140 g Zucker
150 g Zartbitterschokolade
1 EL Semmelbrösel
200 g gem. Mandeln
1 P. Backpulver

Füllung:

1/2 l Schlagsahne
2 P. Sahnesteif
2 geh. EL Eiskaffeepulver
oder
1 EL Zucker
1 P. Vanille-Zucker
2 gestr. EL Instant-Kaffee

Kaffee-Sahnetorte

– gelingt leicht und schmeckt

Eier und Zucker zu einer sehr schaumigen Masse rühren. Schokolade auflösen und lauwarm in die Eiermasse rühren. Mandeln, Backpulver und Semmelbrösel locker unterheben. Den Teig in eine gefettete, mit Papier ausgelegte Tortenform füllen.

Backen: *Vorgeheizt, O/U-Hitze 180°, ca. 30 - 40 min, mittlere Schiene*

Etwas abgekühlt aus der Form lösen und erkalten lassen.

Von dem Tortenboden das obere Drittel abschneiden. Die Sahne langsam cremig schlagen, Sahnesteif und Kaffeepulver zufügen, auf höchster Stufe steifschlagen. Den dicken Boden leicht kuppelförmig mit der Kaffeesahne bestreichen. Den restlichen Kuchendeckel mit den Händen fein zerbröseln und als Streusel auf die Sahne streuen und etwas andrücken.

Erdbeer-Sahnetorte

– sieht nicht nur fantastisch aus

Mürbeteig:
150 g Mehl
60 g Zucker
1 Eigelb
100 g Butter

Dunkler Biskuit:
1 Ei
1 EL kaltes Wasser
40 g Zucker
20 g Mehl
10 g Speisestärke
1 gestr. TL Kakao
1/2 TL Backpulver

Heller Biskuit:
2 Eier
2 EL kaltes Wasser
75 g Zucker
1 P. Vanille-Zucker
40 g Mehl
20 g Speisestärke
1 gestr. TL Backpulver

Füllung:
mind. 500 g Erdbeeren
600 ml Sahne
3 P. Sahnesteif
2 P. Vanille-Zucker

Garnitur:
Schokosoße
evtl. Eierlikör
+ 1 Blatt Gelatine
oder klarer Tortenguss

Für den Mürbeteig alle Zutaten auf eine Arbeitsfläche häufen, mit zwei Messern hacken und mit den Händen zusammenkneten und kühl stellen. Teig auswellen und in eine nur am Boden gefettete Tortenform, Ø 28 cm, flach legen und mehrmals mit einer Gabel einstechen.

Backen: *Vorgeheizt, O/U-Hitze 190°, 10 min, mittlere Schiene*

Während des Backens für den dunklen Biskuit ein Eiweiß mit 1 EL Wasser sehr steif schlagen, Zucker einrieseln lassen, Eigelb mit einem Schneebesen unterziehen, Mehl, Speisestärke, Backpulver und Kakao ebenfalls locker unterheben. Auf den vorgebackenen Mürbeteigboden streichen.

Backen: *O/U-Hitze 190°, mittlere Schiene, mindestens noch 15 min*

Ca. 10 min abkühlen lassen, dann den Rand mit dem Messer lösen und aus der Form nehmen.

Den hellen Biskuit ebenso wie den dunklen zubereiten und in eine nur am Boden gefettete, exakt mit Papier ausgelegte Tortenform, Ø 28 cm, füllen.

Backen: *Vorgeheizt, O/U-Hitze 200°, ca. 20 min, mittlere Schiene*

Kuchen kurz abkühlen lassen, aus der Form lösen und sofort Papier abziehen.

Den Mürbeteig/Biskuitboden auf eine Tortenplatte legen, Erdbeeren halbiert auf der Fläche verteilen. Sahne langsam anschlagen, dann mit Sahnesteif und Vanille-Zucker auf höchster Stufe steif schlagen. Ca. ein Drittel auf den Erdbeeren verteilen. Hellen Biskuitboden darüber legen, mit der restlichen Sahne garnieren.

Garniertipp 1 - *sieht sehr fruchtig aus:*

Halbierte Früchte auf den Deckel legen, Rand ca. 4 cm frei lassen, mit einem Tortenguss überziehen, abkühlen lassen, danach Sahnetürmchen (runde Lochtülle) als Begrenzung spritzen, Rand mit Sahne bestreichen und mit einem Wellenkamm abziehen. Schokoladensoße in eine Tortenspritze mit ganz kleinem Loch füllen und über die Sahnetürmchen spritzen.

Garniertipp 2 - *sieht sehr festlich aus:*

1 Blatt Gelatine einweichen, ausdrücken, kurz erwärmen (10 sec Micro, 600W) und in den Eierlikör rühren. Tortenspritze mit kleinster Lochtülle mit 3 EL Schokosauce füllen.

Eierlikör auf die Mitte der Torte streichen, Streifen mit Schokosauce spritzen und mit einem Zahnstocher diagonal oder im rechten Winkel durchziehen. Torte mit der restlichen Sahne nach Belieben hübsch garnieren.

Grundrezept für die mittlere Festtagstorte

Rührteig:

4 Eier
150 g Butter
180 g Zucker
2 P. Vanille-Zucker
1 Prise Salz
150 g Mehl
75 g Speisestärke
2 geh. TL Backpulver
2 EL Orangenlikör

Füllung:

6 Blatt Gelatine
200 g Philadelphia
80 g Zucker
250 g Erdbeerjoghurt
1/4 l Sahne
500 g Erdbeeren
2 EL Erdbeermarmelade

Garnitur:

1/2 l Sahne
1 P. Sahnesteif
1 P. Vanille-Zucker
evtl. 100 g Kuvertüre

Erdbeer-Traum

– eine Sünde wert

Tortenform, Ø 24 cm, einfetten und mit Backpapier auslegen. Eier trennen und Eiweiß zu sehr steifem Schnee schlagen. Für den Rührteig alle Zutaten nacheinander zu einer sehr schaumigen Masse verarbeiten, zuletzt den Eischnee mit dem Schneebesen unterziehen. Sofort in die Tortenform füllen.

Backen: *Vorgeheizt, O/U-Hitze 180°, ca. 40 - 45 min, mittlere Schiene*

Kuchen etwas abkühlen lassen, aus der Form lösen und Papier abziehen.

Wenn der Kuchen kalt ist, einmal durchschneiden. Boden auf eine Tortenplatte legen, mit Erdbeermarmelade bestreichen und einen Tortenring (dünn mit Öl bepinselt und mit Puderzucker bestreut) um den Boden schließen.

Erdbeeren waschen und in Stücke schneiden, zur Garnitur ein paar schöne Exemplare zurück behalten. Gelatine einweichen. Philadelphia und Zucker gut verrühren, Joghurt zufügen.

Sahne steif schlagen. Die Gelatine ausdrücken und im Topf erwärmen, bis sie flüssig ist (oder in der Micro ca. 20 sec bei 600 W). Die Gelatine in die Joghurtmasse geben, kurz durchrühren und sofort die geschlagene Sahne unterziehen. Erdbeerstückchen auf den Tortenboden legen oder in der Joghurtmasse verteilen, diese auf den Boden füllen und den Deckel darauf legen.

Im Kühlschrank mindestens 3 Std erstarren lassen. Tortenrand lösen, mit geschlagener Sahne, Erdbeeren und evtl. Schokolade verzieren.

Tipp 1: *100 g Kuvertüre auflösen, die Erdbeeren zum Garnieren halb eintauchen und auf Alufolie trocknen lassen; den Rest der Kuvertüre auf eine Glas- oder Marmorplatte streichen. Die erstarrte Schokolade mit einem langen, scharfen Messer zu Spänen schaben.*

Sorgfältig mit Puderzucker und Kakao gepudert und mit halben Erdbeeren belegt sieht der Erdbeertraum sehr edel aus.

Festtagstorte: *Für besondere Anlässe und Festlichkeiten eignet sich diese Torte auch als 3-stöckiges Kunstwerk (mit dreifacher Rezept-Menge).*
Die Torten auf Backblechen mit Edelstahltortenringen backen:
1. Boden Ø 29 cm mit 6 Eiern,
2. Boden Ø 24 cm mit 4 Eiern,
3. Boden Ø 19 cm mit 2 Eiern.
Die Zutaten entsprechend der Eieranzahl berechnen. Füllung und Garnitur in 3-facher Menge herstellen. Je nach aufwendiger Garnitur mehr Sahne verwenden.

50

Nuss-Mürbeteig:
200 g Butter
150 g Zucker
1 P. Vanille-Zucker
160 g gem. Haselnüsse
1 MS Zimt
200 g Mehl

Füllung:
600 g Sauerkirschen
400 ml Sauerkirschsaft
1 P. Vanille-Puddingpulver
2 gestr. EL Zucker
3/4 l Sahne
3 P. Sahnesteif
2 P. Vanille-Zucker

Fächertorte

– mein Bestseller

Für den Mürbeteig alle Zutaten auf eine Arbeitsfläche häufen, mit zwei Messern hacken, mit den Händen zusammenkneten und kühl stellen.

Drei dünne Teigplatten herstellen. Das geht ganz einfach: Backpapier auf ein Backblech legen und den Teig darauf auswellen. Einen Edelstahl-Backring, Ø 26 cm, darauf drücken und die Teigreste außerhalb des Ringes entfernen. Mit einer Gabel mehrmals den Boden einstechen. Aufpassen, dass die Böden am Rand nicht zu dünn sind!

Nun werden die Böden nacheinander gebacken.

Backen: *Vorgeheizt, O/U-Hitze 190°, ca. 15 min, mittlere Schiene*

Vorsicht: Nicht zu dunkel werden lassen!

Achtung: Einen Boden noch heiß vorsichtig in 16 Stücke teilen.

Das geht sehr gut mit einem scharfen großen Messer oder noch besser mit einem Pizza-Roller. Die Böden flach auf dem Backpapier auskühlen lassen.

Entkernte Sauerkirschen auf ein Sieb schütten, Saft in einem Topf auffangen. 400 ml Saft abmessen und davon einen Pudding kochen, abkühlen lassen, von Zeit zu Zeit etwas umrühren, damit sich keine Haut bildet. Wenn der Sauerkirschpudding kalt ist, die Sauerkirschen zufügen.

Sahne langsam anschlagen, dann auf höherer Stufe cremig schlagen, Sahnesteif und Vanillezucker zufügen und auf höchster Stufe sehr steif schlagen.

Den ersten Boden auf eine flache Tortenplatte legen, die Hälfte der Sauerkirschmasse darüber verteilen. Am Rand ca. 4 cm und in der Mitte ca. 7 cm Ø frei lassen für Sahne.

Mit einer Tortenspritze mit Zackentülle einen Kranz mit Sahnerosetten um die Sauerkirschen spritzen und die Mitte mit Sahne füllen. Den zweiten Boden darauf legen, etwas andrücken und ebenfalls mit Kirschpudding bestreichen, am Rand 3 cm frei lassen und wieder mit Sahnerosetten garnieren. Nun noch jeweils 16 Tupfer am Rand auf den Sahnekranz spritzen.

Die Hälfte der Tortenstücke mit Kakao bestäuben, die andere Hälfte mit Puderzucker. Im Wechsel auf den Kuchen leicht schräg stellen, eben wie ein Fächer!

Tipp: *Diese Torte ist ein Knüller auf jeder Kaffeetafel. Sie gelingt gut, wenn die gebackenen, sehr mürben Nussböden vorsichtig behandelt werden. So brechen z.B. bei den zarten Tortenstückchen leicht die Spitzen ab.*

Frankfurter Kranz

Rührteig:

6 Eier
1 Prise Salz
200 g Butter
250 g Zucker
1 P. Vanille-Zucker
300 g Mehl
100 g Stärkemehl
1 P. Backpulver
2 EL Zitronensaft
8 EL Milch

Vanillecreme:

1/2 l Milch
80 g Zucker
1 P. Vanille-Puddingpulver
200 g Butter
50 g Puderzucker
3 EL rote Marmelade

Garnitur:

200 g gehackte Mandeln

Frankfurter Kranz

– Spezialität meiner Mutter, darf bei keinem Familienfest fehlen

Die Eier trennen und das Eiweiß mit Salz zu sehr steifem Schnee schlagen. Butter in einer Rührschüssel schaumig schlagen, Zucker und Vanille-Zucker zufügen. Die Eigelb nach und nach mit der Buttermasse schaumig rühren. Zitronensaft zufügen. Mehl, Stärkemehl und Backpulver mischen und abwechselnd mit der Milch in den Teig rühren. Eischnee mit dem Schneebesen locker unterziehen. Eine Kranzform, mindestens 26 cm Ø, fetten und den Teig einfüllen.

Backen: *Vorgeheizt, O/U-Hitze 180°, ca. 60 min, mittlere Schiene*

Nach dem Backen ca. 10 min in der Form abkühlen lassen, dann auf ein Kuchengitter stürzen.

Für die Creme einen Vanille-Pudding nach Vorschrift, jedoch mit 80 g Zucker, kochen. Pudding in einer Schüssel auf Zimmertemperatur abkühlen lassen, von Zeit zu Zeit durchrühren, damit sich keine Haut bildet. Butter für die Creme abwiegen und bei Zimmertemperatur bereithalten. In der Zwischenzeit die Mandeln in einer Pfanne ohne Fett gleichmäßig goldbraun rösten und sofort auf einen Teller schütten, da sie in der Pfanne sehr stark nachdunkeln.

Wenn der Pudding kalt ist, die Butter mit dem gesiebten Puderzucker schaumig schlagen und löffelweise den Pudding zufügen, bis die Creme homogen ist.

Friesen-Torte

300 g Blätterteig tiefgefroren

Glasur:

1 Eigelb
1 TL Milch
2 EL Hagelzucker
oder gehackte Mandeln

Füllung:

400 g Pflaumenmus

1/2 l Sahne
2 P. Sahnesteif
2 P. Vanille-Zucker

Friesen-Torte

– Inas Schnelle vom hohen Norden

Den Blätterteig bei Zimmertemperatur auftauen lassen (nicht kneten). Aus den Teigplatten zwei Böden ausrollen, dafür jeweils die Hälfte der Platten übereinander legen. Boden für die Torte, Ø 28 cm, mit dem Zackenrädchen ausschneiden (oder mit Edelstahl-Tortenring ausstechen), mehrmals mit der Gabel einstechen und auf einem mit kaltem Wasser abgespülten Backblech backen.

Backen: *Vorgeheizt, O/U-Hitze 220°, ca. 10 - 15 min, mittlere Schiene*

Den zweiten Boden max. 26 cm Ø ausschneiden, in 12 oder 16 gleich große Stücke mit dem Zackenrädchen teilen, mit Eigelb/Milch bestreichen und mit Hagelzucker oder gehackten Mandeln bestreuen. Alle Stückchen auf ein abgespültes Backblech mit etwas Abstand legen und wie den Boden backen.

Den Kranz dreimal aufschneiden, das erfordert viel Fingerspitzengefühl. Die Creme auf die einzelnen Ringe (2 - 3 gehäufte Löffel pro Ring) verteilen, für eine Füllung Himbeer- oder Johannisbeermarmelade (ohne Körnchen) verwenden und wieder zusammensetzen. Den Rest der Creme rings um den Kranz streichen. Die Mandeln mit der „hohlen Hand“ an die Buttercreme drücken. Den Frankfurter Kranz kühl stellen.

Tipp: *Für den „Gourmet-Frankfurter Kranz“ den Rührteig mit 8 Eiern (alle Zutaten entsprechend hochrechnen, Backzeit ca. 15 min verlängern!) herstellen und die doppelte Masse Creme zubereiten. Den Kranz fünfmal durchschneiden, dreimal mit Creme und zweimal mit Marmelade füllen, auf den Kranz beliebiges Muster spritzen und mit Cocktailkirschen garnieren.*

Den kalten Boden mit Pflaumenmus bestreichen, Sahne mit Sahnesteif und Vanille-Zucker steif schlagen und auf den Boden streichen. Tortenstückchen auflegen und etwas andrücken.

Tipp: *Diese Torte schmeckt auch mit Früchten gefüllt sehr gut.*

Früchte-Trio

– leicht und lecker

Früchte-Trio

Biskuit:

6 Eier
6 gestr. EL Zucker
1. P. Vanille-Zucker
3 geh. EL Mehl
1 1/2 gestr. TL Backpulver

-

1 gestr. TL Kakao
1 gestr. EL Zucker

Füllung:

4 Blatt Gelatine
200 g Philadelphia-Frischkäse
200 g Vanille-Joghurt
200 g Sahne
600 g dreierlei Früchte z.B. Sauerkirschen, Trauben, Mandarinen, oder Erdbeeren, Kiwis, Pfirsiche.

Backblech einfetten und mit Backpapier auslegen. Für den Biskuit Eier, Zucker und Vanille-Zucker zu einer sehr schaumigen Masse rühren.

Mehl und Backpulver mit dem Schneebesen locker unterziehen. Den Teig auf das Backblech gießen, 4 EL des Teiges zurück behalten und mit dem Kakao vermischen. Den braunen Teig in einen Spritzbeutel mit runder Lochtülle, Ø ca. 0,5 cm, füllen und Streifen auf die Teigfläche spritzen. Diese Linien im rechten Winkel mit einem kleinen Küchenmesser im Wechsel durchziehen. Biskuit sofort backen!

Backen: *Vorgeheizt, O/U-Hitze 200°, ca. 25 min, mittlere Schiene*

Ein sauberes Geschirrtuch auf die Arbeitsfläche ausbreiten und mit 1 EL Zucker bestreuen.

Die Teigplatte sofort nach dem Backen auf das Geschirrtuch stürzen und vorsichtig das Backpapier abziehen. Teigplatte flach liegen lassen.

Nach 1/2 Stunde eine Dreiecksform, Rehrückenform oder Kastenform mit Frischhaltefolie auslegen. Die Teigplatte so zuschneiden, dass sie die Länge der entsprechenden Kuchenform hat. Teigplatte in die Form legen (Muster Außenseite), an einer Längsseite einen Streifen abschneiden, der den Deckel bzw. nach dem Stürzen den Boden bildet.

Streifen-Torte

– raffiniert und verwandlungsfähig

Streifen-Torte

1. Biskuit:

4 Eier
2 EL Wasser
160 g Zucker
1 P. Vanille-Zucker
140 g Mehl
60 g Speisestärke
2 gestr. TL Backpulver

2. Biskuit:

Rezept wie 1. Biskuit

Füllung:

600 ml Sahne
4 P. Sahnesteif
2 P. Vanille-Zucker
ca. 350 g Himbeer-marmelade

Dekoration:

Raffaellos und Kakao oder Früchte

Für den ersten Biskuit Eier, Wasser, Zucker und Vanille-Zucker sehr schaumig rühren, Mehlgemisch unterziehen. Tortenform, Ø 28 cm, nur am Boden einfetten, exakt mit Backpapier auslegen und Teig einfüllen.

Backen: *Vorgeheizt, O/U-Hitze 190°, ca. 30 - 35 min, mittlere Schiene*

Den gebackenen Biskuit vom Rand mit einem Messer lösen, auf ein Kuchengitter stürzen und Papier sofort abziehen.

Während der Backzeit der Torte ein Backblech einfetten, mit Backpapier belegen und den zweiten Biskuitteig herstellen. Den Teig auf das Backblech streichen. Backen wie 1. Biskuit, jedoch nur ca. 20 - 25 min. Die Teigplatte sofort nach dem Backen auf ein mit Zucker bestreutes Geschirrtuch stürzen, Papier abziehen und abkühlen lassen.

Torte einmal durchschneiden, den Boden auf eine Tortenplatte, den Deckel mit der braunen Seite nach unten auf einen Kuchenretter legen. Beide Tortenböden und die Teigplatte mit Himbeermarmelade bestreichen. Sahne mit Sahnesteif und Vanille-Zucker sehr steif schlagen und auf die Teigplatte streichen, ca. 1/3 der Sahne für die Tortengarnitur reservieren. Danach die Teigplatte in 4 cm breite Streifen schneiden.

Für die Füllung Gelatine in kaltem Wasser einweichen. Dosenfrüchte zum Abtropfen über ein Sieb schütten, frisches Obst waschen und in Stücke schneiden. Philadelphia gut verrühren, Joghurt zufügen. Sahne separat steif schlagen. Gelatine ausdrücken und erwärmen, bis sie gelöst ist (Micro 20 sec), dann zu der Joghurtmasse gießen und verrühren, zuletzt die Sahne locker unterziehen. Die Früchte in die Sahnemasse mischen, alles in die Biskuitform füllen. Biskuitstreifen darüber legen, etwas andrücken, mit Folie abdecken und im Kühlschrank ca. 4 Std erstarren lassen. Vor dem Servieren auf eine Tortenplatte stürzen und Folie abziehen.

Mit dem ersten Streifen beginnen, wie eine Schnecke aufzurollen und diese Schnecke auf die Mitte des Tortenbodens stellen. Die restlichen Streifen immer weiter um diese Schnecke wickeln, bis der Ø der Torte erreicht ist. Den Deckel auf die Schnecke vorsichtig stürzen und etwas andrücken. Mit der restlichen Sahne die Torte ringsum bestreichen, mit halbierten Raffaellos oder mit Obst belegen und mit einem Hauch von Kakao bestäuben.

Tipp 1: *Für einen Kindergeburtstag wird diese Torte mit Nutella gefüllt und mit Schokoladentierchen oder Zuckerkäfern garniert.*

Mürbeteig:
100 g Mehl
20 g Kakao
40 g Zucker
1 Eigelb
80 g Butter

Biskuit:
2 Eier
80 g Zucker
1 P. Vanille-Zucker
75 g Mehl
1/2 gestr. TL Backpulver

Himbeermasse:
10 Blatt Gelatine
1000 g Himbeeren
1000 g Naturjoghurt
1 Eiweiß
2 EL Zucker

Himbeerguss:
2 Blatt Gelatine
1/4 l Himbeermark
1 gestr. EL Zucker
2 EL Joghurt

Himbeermark-Joghurt-Torte

– sehr fruchtig und erfrischend

Für den Mürbeteig alle Zutaten auf die Arbeitsfläche häufen, mit zwei Messern hacken, mit den Händen zusammenkneten und kühl stellen.

Tortenform, Ø 28 cm, nur am Boden einfetten. Den Mürbeteig auswellen, flach in die Form legen und mehrmals mit einer Gabel einstechen.

Backen: *Vorgeheizt, O/U-Hitze 190°, 10 min, mittlere Schiene*

Während des Backens für den Biskuit die Eier mit Zucker und Vanille-Zucker sehr schaumig schlagen, Mehl und Backpulver mit dem Schneebesen locker unterheben. Auf den vorgebackenen Boden streichen.

Backen: *nochmals ca. 15 - 20 min*

Den etwas abgekühlten Kuchen mit dem Messer vom Rand lösen und auf einem Rost auskühlen lassen.

Für die Füllung Gelatine einweichen. Die Himbeeren durch ein Passiersieb drehen oder im Mixer pürieren und durch ein Haarsieb streichen. 1/4 l Mark für den Guss beiseite stellen. Restliches Himbeermark mit dem Joghurt (2 EL für Gussgarnitur zurücklassen) und mit Zucker verrühren. Eiweiß zu steifem Schnee schlagen. Aufgelöste Gelatine (Micro bei 600 W ca. 20 sec) dem Himbeer-Joghurt zufügen und gut verrühren. Eischnee unterziehen.

Um den Mürbeteig-Biskuitboden einen Tortenring (mit Öl dünn eingepinselt und mit Puderzucker bestäubt) schließen. Die Himbeer-Joghurtmasse einfüllen und glatt streichen. Im Kühlschrank eine Stunde erstarren lassen.

Für den Guss die Gelatine einweichen, auflösen und mit dem Himbeermark und Zucker vermischen. Vorsichtig auf den Himbeerjoghurt streichen. Den Naturjoghurt in einen Spritzbeutel mit kleiner Lochtülle füllen und Kreise auf die Torte spritzen. Sofort mit einem kleinen Küchenmesser Linien ziehen. Im Kühlschrank noch 3 Stunden kühlen.

Exotik-Tipp: *Die Mango-Joghurt-Torte. Von vier Mangos das Fruchtfleisch mixen und zubereiten wie Himbeermark-Joghurt-Torte.*

Rührteig:
250 g Butter
160 g Zucker
1 P. Vanille-Zucker
4 Eier
230 g Mehl
50 g Speisestärke
1 P. Backpulver
4 EL Zitronensaft

Füllung:
ca. 500 g Aprikosen
6 Blatt Gelatine
200 g Philadelphia-Frischkäse
200 g Aprikosen-Joghurt
100 g Kokosraspel
2 Eigelb
2 EL Zucker

Baiserhaube:
4 Eiweiß
180 g Zucker
2 P. Vanille-Zucker

Dekoration:
150 g Kuvertüre Zartbitter
50 g weiße Kuvertüre

Iglu-Pingu-Torte

– Kreation für Carolin, den Pinguin-Fan

Für den Rührteig die Butter schaumig rühren, Zucker, Vanille-Zucker und Eier zufügen und schaumig schlagen. Mehl, Mondamin, Backpulver und Zitronensaft unterrühren.

Eine Tortenform, Ø 28 cm, einfetten und mit Papier auslegen. Teig einfüllen.

Backen: *Vorgeheizt, O/U-Hitze 190°, ca. 35 min, mittlere Schiene*

Den Kuchen etwas abkühlen lassen, dann aus der Form lösen, auf ein Kuchengitter stürzen und Papier abziehen.

Für die Füllung die Gelatine einweichen. Aprikosen über ein Sieb schütten und abtropfen lassen. Philadelphia mit Joghurt verrühren. 1/4 der Aprikosen in kleine Würfel schneiden und der Masse zufügen. Eigelb und Zucker über Wasserdampf mit dem Schneebesen schaumig schlagen, bis ca. 65° erreicht sind. Die ausgedrückte Gelatine darin auflösen und die Eiermasse sofort vom Topf nehmen. Die Kokosraspel zufügen, etwas abkühlen lassen und mit dem Schneebesen unter die Philadelphiamasse rühren.

Den Kuchen einmal durchschneiden und den Boden (mind. 2 cm dick) auf eine Tortenplatte legen. Vom Deckel hauchdünn den Rand und die braune Haut abschneiden (wird nicht benötigt), danach den Deckel in Würfel schneiden. Die Philadelphiamasse kuppelförmig auf den unteren Tortenboden häufen, Rand ca. 5 cm frei lassen, die Kuchenwürfel auf die Masse verteilen und festdrücken. Die restlichen Aprikosen in Viertel schneiden und diese auf die Kuppel legen und ebenfalls festdrücken.

Kuchen ca. 3 Stunden im Kühlschrank gut durchkühlen lassen.

Für die Pinguine je nach gewünschter Anzahl etwas weiße und dunkle Kuvertüre schmelzen. Die Grundform auf ein Papier zeichnen, eine Klarsichthülle darüberlegen und zuerst die dunklen Konturen spritzen und trocknen lassen. Danach werden die weißen Stellen ausgefüllt und die Augen getupft. Die Schokoladenpinguine erstarren lassen.

Eiweiß zu sehr steifem Schnee schlagen, Zucker und Vanille-Zucker einrieseln lassen. Diesen Eischnee auf dem Kuchen kuppelförmig verstreichen und den Schnee etwas einschneiden wie Iglu-Eisblöcke.

Backen: *Vorgeheizt, Grill 230°, 5 min, unterste Schiene!*
Iglu im Ofen beobachten, die Kuppel darf nicht braun werden. Dann im leicht geöffneten Backofen (Holzkochlöffel einklemmen) noch ca. 5 min bei Umluft 140° stehen lassen. Danach sofort aus dem Ofen nehmen und kühlen.

Das Iglu mit etwas Puderzucker oder mit Kokosraspel bestreuen. Die kalte Iglu-Pingu-Torte mit Pinguinen nach Belieben dekorieren.

Joghurt-Schoko-Vulkan

– raffinierter Genuss

Rührteig:
6 Eigelb
100 g Zucker
3 EL Wasser
80 g Speisestärke
30 g Kakao
1 gestr. TL Backpulver

Schokoladenmousse:
300 g Zartbitter-Kuvertüre
4 Blatt Gelatine
6 Eiweiß
1 EL Puderzucker
200 ml süße Sahne

Joghurt-Füllung:
500 g Vanille-Joghurt
6 Blatt Gelatine
400 ml süße Sahne
2 P. Finesse Orangenkonzentrat Dr. Oetker
oder 1 Schnapsglas Orangenlikör

ca. 400 g Mandarinenschnitze
16 feine Schokoladenquadrate

Eine Tortenform, Ø 26 cm, nur am Boden einfetten und mit Backpapier auslegen.

Eigelb, Zucker und lauwarmes Wasser sehr schaumig schlagen, Speisestärke, Backpulver und Kakao mischen, sieben und locker unter die Eiermasse ziehen. Sofort in die Form füllen und backen.

Backen: *Vorgeheizt, O/U-Hitze 180°, ca. 35 min, mittlere Schiene*

Nach dem Backen 5 min abkühlen lassen, stürzen und Backpapier abziehen.

Eine halbrunde Schüssel, ca. 3 l Fassungsvermögen und Ø 26 cm, mit Frischhaltefolie auslegen und festdrücken, die Folie sollte ein paar cm über den Rand gezogen werden.

Für die Schokomousse die Gelatine einweichen, die Schokolade im Wasserbad auflösen, Eiweiß zu steifem Schnee schlagen und gesiebten Puderzucker zufügen, Sahne sehr steif schlagen.

Die Sahne vorsichtig mit dem Schneebesen unter die lauwarme Schokolade ziehen. Die Gelatine in der Micro ca. 15 sec erwärmen und aufgelöst behutsam mit der Schokosahne mischen, den Eischnee unterheben und in die Schüssel füllen. Eine glatte, halbrunde Schüssel, Ø 20 cm, in die Schokomasse drücken, damit sich eine Mulde bildet. Mit Alufolie abdecken und die Schokomousse mind. 3 Std im Kühlschrank erstarren lassen.

Den Biskuitboden so durchschneiden, dass ein Tortenboden mit 2/3 Stärke entsteht und 1/3 als dünner Zwischenboden bleibt. Die Mandarinen über einem Sieb abtropfen lassen.

Für die Joghurtcreme die Gelatine einweichen, die Sahne steif schlagen. Gelatine ausdrücken, in der Micro 20 sec bei 600 W auflösen und unter den Joghurt ziehen, Orangengeschmack oder Orangenlikör zufügen, Sahne locker unterheben.

Die halbrunde Schüssel aus der Schokoladenmousse vorsichtig durch eine Drehbewegung entfernen. Sollte sie kleben, ganz kurz vorsichtig heißes Wasser einfüllen und dann schnell herausdrehen.

Die Hälfte der Joghurtmasse auf der Schokoladenmousse verteilen, dann den dünnen Zwischenboden darüber legen, die restliche Joghurtmasse mit den Mandarinen darüber streichen. Den Tortenboden als Abschluss auf die Schüssel legen und etwas andrücken. Mit Folie abgedeckt im Kühlschrank nochmals mindestens 3 Stunden erstarren lassen.

Den Vulkan auf eine Tortenplatte stürzen, die Frischhaltefolie entfernen, mit Puderzucker bestäuben und mit Schokoladenquadraten garnieren.

Mürbeteig:
130 g Mehl
50 g Zucker
1 Eigelb
75 g Butter

Dunkler Biskuit:
4 Eier
160 g Zucker
90 g Mehl
70 g Speisestärke
20 g Kakao
1 geh. TL Backpulver

Heller Biskuit:
3 Eier
120 g Zucker
1 P. Vanille-Zucker
70 g Mehl
50 g Speisestärke
1 gestr. TL Backpulver

Füllung:
300 g Nougat
800 ml Sahne
6 Blatt Gelatine
200 g Johannisbeergelee

Zum Beträufeln:
5 EL Mandellikör

Garnitur:
150 g gehackte Mandeln
ca. 200 g Kuvertüre

Kreation „Buchen-Aue“

– Hommage an meinen Heimatort Büchenau

Alle Zutaten für den Mürbeteig auf einer Arbeitsfläche mit zwei Messern hacken, mit den Händen zusammenkneten und kühl stellen.

Tortenform, Ø 28 cm, nur am Boden einfetten, Mürbeteig auswellen und flach in die Form legen, mehrmals mit der Gabel einstechen.

Backen: *Vorgeheizt, O/U-Hitze 200°, 12 min, mittlere Schiene*

Während der Backzeit des Mürbeteigbodens den dunklen Biskuit rühren. Eier, Zucker und Vanille-Zucker sehr schaumig schlagen, Mehl, Speisestärke, Kakao und Backpulver mischen und locker unter die Eiermasse ziehen. Teig auf den vorgebackenen Boden streichen und noch ca. 25 min backen.

Zweite Tortenform, Ø 28 cm, nur am Boden fetten und exakt mit Backpapier auslegen. Den hellen Biskuit wie den dunklen herstellen und ca. 25 min backen. Noch heiß aus der Form lösen und Backpapier sofort abziehen.

Die Mandeln für die Garnitur in der Pfanne goldbraun rösten und auf einem Teller auskühlen lassen. Kuvertüre temperieren und einige Buchenblätter damit bestreichen (Tipp Seite 7) und kühl stellen.

Für die Füllung Gelatine einweichen. Nougat schmelzen. Sahne steif schlagen. Gelatine auflösen (Micro bei 600 W 20 sec oder im Topf erwärmen). 4 EL Sahne mit der Gelatine mischen, in den Nougat rühren und alles – nicht zu warm – mit dem Schneebesen unter die Sahne ziehen.

Den Mürbeteig mit dem dunklen Biskuit auf eine Tortenplatte legen und den dunklen Boden einmal durchschneiden, den hellen Biskuit ebenfalls einmal durchschneiden (ergibt 4 Böden). Auf den unteren Boden (Mürbeteig mit dunklem Biskuit) Likör träufeln. Ein Viertel der Nougatsahne darüberstreichen, hellen Biskuitboden darauf legen, mit Johannisbeergelee bestreichen. Dunklen Biskuitboden darauf legen, mit 1/4 Nougatsahne bestreichen, hellen Boden darüberlegen und andrücken.

Danach auf der Torte mit einem scharfen Messer 2 cm vom Rand einen Kreis markieren. Schräg von diesem Kreis zur Mitte hin kegelförmig den Kuchen einschneiden. Der unterste Knetteig/Biskuitboden darf dabei nicht angeschnitten werden. Diesen Kegel vorsichtig mit mindestens 3 Paletten oder Tortenhebern (Partner notwendig) aus dem Kuchen heben und 2 EL Creme in den Trichter streichen. Den Kuchenkegel umgedreht in den Trichter drücken. Mit der restlichen Nougatsahne die Torte ringsum bestreichen und in 16 Stücke einteilen. Rings um die Torte Mandeln andrücken. Die Buchenblätter vorsichtig von den Originalblättern abziehen und beliebig garnieren.

Abwandlung:

Diese Torte sieht immer phantastisch aus: Die vier Böden schneiden wie oben, garnieren und füllen mit 800 ml geschlagener Sahne, 3 P. Sahnesteif, 2 P. Vanille-Zucker und Marmelade, mit beliebigen Früchten belegen und mit einem Tortenguss überziehen.

Biskuit:
5 Eiweiß
5 EL kaltes Wasser
1 Prise Salz
230 g Zucker
5 Eigelb
120 g Mehl
60 g Speisestärke
1 gestr. TL Backpulver

Füllung:
500 g Kokosjoghurt
6 Blatt Gelatine
200 ml Sahne
1 P. Sahnesteif
500 g Ananasscheiben

Garnitur:
200 g Kuvertüre Zartbitter
20 g Palmin
50 g Kokosraspel
300 ml Sahne
1 P. Sahnesteif
1 EL Kakao

Koko-Schoko-Torte

– exotisch frisch

Für den Biskuit Eiweiß, Wasser und Salz zu sehr steifem Schnee schlagen, dann den Zucker langsam einrieseln lassen. Die Eigelb mit dem Schneebesen vorsichtig unterheben und ebenso das Mehl/Backpulver-Gemisch unterziehen. Teig in eine nur am Boden gefettete, exakt mit Papier ausgelegte Tortenform, Ø 26 cm, füllen.

Backen: *Vorgeheizt, O/U-Hitze 200°, ca. 25 min, mittlere Schiene*

Noch warm aus der Form lösen und Papier abziehen. Die Torte einige Stunden ruhen lassen oder noch besser schon am Vortag backen, dann lässt sie sich schöner aufschneiden.

Den Biskuit 2 mal durchschneiden, so dass 3 Böden entstehen. Die Kokosraspel für die Garnitur kurz in einer Pfanne ohne Fett hellbraun rösten und auf einem Teller auskühlen lassen.

Kuvertüre schmelzen. Die Ananas über ein Sieb schütten. Zwölf schöne halbe Scheiben auf Küchenrollenpapier gut trocknen und zum Garnieren nach Belieben in die Kuvertüre tauchen und auf Alufolie zum Trocknen legen. Die restliche Kuvertüre nochmal kurz erwärmen und Palmin untermischen. Gelatine in kaltem Wasser einweichen und ca. 10 min quellen lassen, dann gut ausdrücken und entweder in einem Topf langsam erhitzen, bis sich die Gelatine aufgelöst hat, oder einfach 20 sec bei 600 W in die Micro stellen. Gelatine in den Kokosjoghurt rühren, Sahne mit Sahnesteif sehr steif schlagen und unter die Joghurtmasse ziehen. Sollte die Joghurtmasse zu flüssig sein, wird sie einige Zeit in den Kühlschrank gestellt.

Den ersten Boden mit der Hälfte der Ananasscheiben belegen und mit der Hälfte der Kokossahne bestreichen. Den zweiten Boden mit der restlichen Kuvertüre bestreichen und auf die Torte stürzen, d.h., Schokoseite auf Kokossahne legen. Den 2. Boden nach Belieben mit Ananassaft beträufeln, die restlichen Ananasscheiben auf den zweiten Boden legen, den Rest der Kokossahne darüber streichen und den dritten Tortenboden darauf setzen.

Die 300 ml Sahne mit Sahnesteif schlagen, eine Tortenspritze mit weißer Sahne füllen, unter den Rest den Kakao rühren. Mit der Schokosahne die Torte ringsum bestreichen, weiße Sahnetupfer darauf setzen und mit den halben Ananasscheiben garnieren. Kokosflocken an den Rand und in die Mitte der Torte streuen.

Achtung:
Der Teig muss über Nacht ruhen. Zeit einplanen! Für diesen Kransekake-Turmkuchen werden die Originalbackformen aus Norwegen benötigt oder die Ringe werden auf Backblechen gebacken (z.B. für Osterkörbe).

Mandelbrandteig:
500 g geschälte, gemahlene Mandeln
500 g Puderzucker
3 Eiweiß

Zum Einkneten am nächsten Tag:
2 Eiweiß, zu Schnee geschlagen

Zum Einfetten der Formen:
Geschmolzene Butter
Weizengrieß
oder einfach Backpapier für Backbleche

Dekoration:
Puderzucker und Eiweiß
oder
karamelisierter Zucker
oder
Schokoladenglasur

Silberperlen,
kleine Fahnen,
Ostereier nach Belieben

Kransekake

– Rolfs norwegische Spezialität

In einem großen Edelstahltopf Mandeln, gesiebten Puderzucker und ungeschlagenes Eiweiß gut mit den Händen verkneten. Die Masse im Topf bei schwacher Hitze unter ständigem Kneten erwärmen bis die Temperatur fast unerträglich wird (ca. 60°, evtl. mit Kochlöffel arbeiten). Die Hitze darf jedoch nicht so hoch sein, dass der Teig am Boden anbrennt.

Topf vom Herd nehmen und während der Boden abkühlt weiter kneten. Mit einem dicht schließenden Deckel abdecken und über Nacht kühl ruhen lassen.

Am Folgetag zwei Eiweiß zu sehr steifem Schnee schlagen und diesen unter den Teig kneten. Danach den Teig nochmals 2 Stunden kühl ruhen lassen.

Die Original-Backformen mit geschmolzener Butter sorgfältig dick einfetten und mit Weizengrieß bestreuen. Oder: Backpapier auf Backbleche legen.

Der Teig wird durch einen Fleischwolf (ohne Messer) gedreht mit einer runden Vorsatztülle von ca. 1 cm Ø. Die Originalformen werden mit den Teigwürsten gefüllt und die Nahtstellen sorgfältig mit den Händen zusammengefügt.

Auf den Backblechen werden 18 Ringe von ca. 22 cm bis 8 cm Ø gebacken, oder lauter Ringe nach Belieben, um z.B. einen Osterkorb herzustellen.

Backen: *Vorgeheizt, O/U-Hitze 180°, 15 min, mittlere Schiene und dann 3 - 5 min untere Schiene*

Die Ringe sollen hell goldbraun in der Farbe sein. In der Form auskühlen lassen, am besten bei Zugluft! Die Ringe vorsichtig auskippen oder aus der Form lösen, restlichen Grieß mit einem Backpinsel entfernen.

Zur Dekoration Puderzucker mit Eiweiß dickflüssig anrühren und linien- oder zickzackförmig auf den untersten Ring spritzen, nächsten Ring darüber legen und so weiter.

Der Phantasie sind keine Grenzen gesetzt: Der Kransekake kann weihnachtlich mit Sternen oder für Ostern mit Eiern und Hasen, zur Silberhochzeit mit Silberperlen und Silberschleifchen aus Alufolie oder zu Geburtstagen mit Zahlen und Blüten bestückt werden.

Aufbewahrt wird diese Spezialität in einer gut schließenden Blechdose oder in Alufolie verpackt. Sind die Ringe weich bis zäh - dann ist der Kranskake gelungen. Der Turm wird Ring für Ring von oben nach unten genossen.

Tipp 1: *Sollte der Turmkuchen hart sein, kann nachgeholfen werden: Am Tag vor dem Verzehr den Kransekake in eine große Blechdose oder Eimer stellen, ein feuchtes Geschirrtuch stramm unter den Deckel der Dose/des Eimers klemmen. Das Tuch darf den Kuchen nicht berühren!*

Tipp 2: *Die Ringe können nach dem Abkühlen (ohne Glasur) eingefroren werden, aufgetaut sind sie dann weich.*

Mandel-Trüffel-Torte
Achtung: *Trüffelcreme am Vortag vorbereiten*

Mandelbiskuit:
6 Eier
1 Prise Salz
6 EL Wasser
140 g Zucker
2 P. Vanille-Zucker
200 g gem. Mandeln
60 g Mehl
1 geh. TL Backpulver

Trüffelcreme:
500 ml Sahne
250 g Zartbitter-Kuvertüre
1 P. Vanille-Aroma

Garnitur:
200 ml Sahne
1 P. Sahnesteif
Mikadostäbchen von DeBeukelar

Mandel-Trüffel-Torte

– edel, zart-schokoladig

Für die Trüffelcreme die Sahne kurz aufkochen lassen, etwas abkühlen, Vanille-Aroma zufügen und dann die in kleine Stücke gebrochene Schokolade (oder Schokoladenchipse) unter ständigem Rühren darin auflösen. Masse abkühlen lassen und über Nacht mindestens 12 Std in den Kühlschrank stellen.

Für den Mandelbiskuit die Eier trennen, Eiweiß mit Salz zu sehr steifem Schnee schlagen. Eigelb mit Zucker, Vanille-Zucker und lauwarmem Wasser schaumig rühren. Bei kleiner Stufe die Mandeln, danach Mehl und Backpulver unterrühren. Mit einem Schneebesen den Eischnee locker unterziehen. Eine Tortenform, Ø 26 cm, nur am Boden einfetten und exakt mit Backpapier auslegen. Den Teig einfüllen und glatt streichen.

Backen: *Vorgeheizt, O/U-Hitze 180°, ca. 40 min, untere Schiene*

Biskuit ca. 5 min abkühlen lassen, Rand mit einem Messer lösen, auf einen Kuchenrost stürzen, Papier abziehen und auskühlen lassen.

Die Trüffelcreme mit dem Rührgerät aufschlagen, bis sie eine sahnig-cremige Konsistenz hat.

Die Mandeltorte einmal durchschneiden, mit einem Drittel der Trüffelcreme füllen, Deckel darauf setzen

Serbische Mandeltorte
Mandelbiskuit:
Wie beim Rezept oben

Vanille-Creme:
1/2 l Milch
1 Vanilleschote
50 g Speisestärke
1 P. Vanille-Zucker
3 EL kaltes Wasser
10 g Palmin
60 g Zucker
2 Eigelb
250 g Butter

Garnitur:
200 g Mandelblättchen

Serbische Mandeltorte

–- mit Vanillecreme und Knuspermandeln

Nach dem Erkalten den Mandelbiskuit mit einem scharfen Messer oder Zwirnfaden zwei Mal durchschneiden und auf Kuchenretter legen.

Für die Creme die Milch mit der aufgeschlitzten Vanilleschote zum Kochen bringen, Vanilleschote entfernen. Die Speisestärke mit 3 EL kaltem Wasser und dem Vanillezucker verrühren, in die kochende Milch geben und kurz aufkochen lassen. Nachdem die Puddingmasse auf ca. 70° abgekühlt ist, Palmin darin zergehen lassen. Eigelb in einer Schüssel mit dem Zucker schaumig rühren, Pudding langsam zufügen und mit einem Kochlöffel verrühren und erkalten lassen. Ab und zu etwas durchrühren. Butter in eine Rührschüssel geben und bei Zimmertemperatur stehen lassen, damit Pudding und Butter die gleiche Temperatur haben.

Die Mandeln in einer Pfanne hellbraun rösten und auf einem Teller abkühlen lassen (nicht in der heißen Pfanne stehen lassen, da die Mandelblättchen sonst stark nachdunkeln!).

und mit der restlichen Trüffelcreme die Torte dick bestreichen. Mit einem Zackenkamm oder Sägemesser lassen sich nun schöne Wellen ziehen. Mit geschlagener Sahne und Mikadostäbchen garnieren.

Tipp: *Aprikosen passen sehr gut zur Trüffelschokolade und zum Mandelbiskuit. Ca. 500 g geschälte, halbierte Aprikosen aus der Dose über ein Sieb schütten und auf den Tortenboden legen, dann die Trüffelcreme darüber streichen. Kleine Aprikosen-Dreiecke für die Garnitur schneiden.*

Wenn die Puddingmasse Zimmertemperatur erreicht hat, die Butter schaumig rühren und nach und nach den Pudding löffelweise unterrühren. Zwei Tortenböden mit jeweils einem Viertel der Vanillecreme bestreichen und zusammen setzen. Mit der restlichen Creme die Torte ringsum bestreichen und Mandelblättchen andrücken. Torte vor dem Servieren noch einige Zeit im Kühlschrank ruhen lassen.

Tipp: *Diese Torte lässt sich für Feste gut vorbereiten, sie schmeckt mehrere Tage sehr lecker.*

Am Vortag einlegen:
600 g entsteinte Süßkirschen in 1/8 l Kirschwasser

Mürbeteig:
130 g Mehl
20 g Kakao
50 g Zucker
1 Eigelb
75 g Butter

Biskuit:
4 Eier
1 Eiweiß
160 g Zucker
200 g Mehl
2 gestr. TL Backpulver

Füllung:
1/2 l Milch
1 P. Vanille-Puddingpulver
2 EL Zucker
4 Blatt Gelatine
200 ml süße Sahne

Garnitur:
300 g Marzipanrohmasse
80 g Puderzucker
ca. 50 g Schokoglasur

Marzipan-Kirsch-Torte

– mit beschwipsten Kirschen

Saft der Kirschen abschütten und die Früchte in Kirschwasser einlegen und zugedeckt über Nacht ziehen lassen.

Für den Mürbeteig alle Zutaten auf der Arbeitsfläche mit zwei Messern hacken und mit den Händen zusammenkneten. Tortenform, Ø 28 cm, nur am Boden einfetten. Teig ausrollen und flach auf den Boden legen, mehrmals mit einer Gabel einstechen und vorbacken.

Backen: *Vorgeheizt, O/U-Hitze 200°, 12 min, mittlere Schiene*

Für den Biskuit die Eier und das Eiweiß mit dem Zucker sehr schaumig schlagen. Mehl und Backpulver locker unterziehen. Auf den vorgebackenen Teigboden streichen.

Backen: *Noch ca. 25 min*

Den gebackenen Kuchen nach ca. 5 min aus der Form lösen.

Gelatine in kaltem Wasser einweichen, Milch erhitzen und Vanille-Pudding mit 2 EL Zucker kochen, Gelatine ausdrücken und im fertigen Pudding auflösen. Während des Abkühlens ab und zu durchrühren, damit sich keine Haut bildet.

Den Tortenboden so durchschneiden, dass der Mürbeteig-Biskuitboden 3 cm hoch ist, vom Deckel die braune, gebackene Oberseite und den braunen Rand hauchdünn abschneiden (wird nicht benötigt). Den schönen gelben Restkuchen in Würfel schneiden.

Wenn der Pudding fest wird, d.h. die Gelatine zu erstarren beginnt, die Sahne steif schlagen und unter den Pudding ziehen, dann die Kuchenwürfel und die abgetropften Kirschen zufügen, vorsichtig mischen und kuppelförmig auf den Tortenboden streichen. Die Marzipanrohmasse mit dem Puderzucker verkneten und zwischen Backpapier so groß rund auswellen, dass die Kuppeltorte damit bedeckt werden kann. Reste ordentlich abschneiden.

Schokoglasur auflösen und die Marzipankuppel mit beliebigen Mustern dekorieren.

Mousse au chocolat-Torte

– macht die stärksten Männer schwach

Mürbeteig:
150 g Mehl
50 g Zucker
1 Eigelb
80 g Butter

Belag:
2 EL Johannisbeer-marmelade
100 g gehackte Mandeln
1 gestr. EL Zucker/Zimt

Biskuit:
3 Eier
75 g Zucker
90 g Mehl
1 geh. TL Backpulver
20 g Kakao

Mousse au chocolat:
300 g Edelbitterschokolade
2 Eiweiß
500 ml Schlagsahne
2 P. Vanille-Zucker
1 P. Sahnesteif

Garnitur:
200 ml Sahne
1 P. Sahnesteif
1 P. Vanille-Zucker
Deko-Schokolade nach Belieben
Puderzucker und Kakao

Für den Mürbeteigboden Mehl, Zucker, Butter und Eigelb auf der Arbeitsplatte mit zwei Messern verhacken und mit den Händen zusammenkneten, ca. 30 min kühlen. Ein Backblech mit Backpapier auslegen, den Teig darauf auswellen, Ø 26 cm, mehrmals mit einer Gabel einstechen und mit einem Edelstahltortenring umschließen. Auf den Mürbeteig die Marmelade streichen, die Mandeln darüber verteilen, mit Zucker und Zimt bestreuen.

Backen: *Vorgeheizt, O/U-Hitze 200°, ca. 15-20 min, mittlere Schiene*

Noch heiß den Tortenring entfernen und auf dem Backpapier auskühlen lassen.

Für den Biskuit nur den Boden einer Tortenform, Ø 26 cm, einfetten und diesen exakt mit Papier auslegen. Eier trennen, Eiweiß und 2 EL kaltes Wasser sehr steif schlagen, Zucker einrieseln lassen. Zuerst Eigelb, dann Mehl, Backpulver und Kakao mit dem Schneebesen unterziehen.

Backen: *Vorgeheizt, O/U-Hitze 200°, ca. 20 min, mittlere Schiene*

Ca. 5 min abkühlen lassen, Rand mit einem Messer lösen, aus der Form stürzen, Papier abziehen und Biskuit erkalten lassen.

Für die Mousse Eiweiß sehr steif schlagen, Sahne mit Vanille-Zucker ebenfalls steif schlagen, Schokolade im Wasserbad schmelzen und vorsichtig mit dem Schneebesen unter die Hälfte der Sahne ziehen und dann mit dem Eischnee vermischen. Die zweite Hälfte der Sahne mit Sahnesteif verrühren und in einen Spritzbeutel mit runder Tülle Ø 4 mm füllen.

Mandelboden auf Tortenplatte legen. Tortenring, dünn mit Öl bepinselt und mit Puderzucker bestäubt, um den Boden schließen.

Mousse einfüllen, glatt streichen und mit der Tortenspritze drei Ringe Sahne (20, 14 und 8 cm Ø) in die Mousse spritzen. Biskuitboden darüber legen.

Über Nacht kühlen und erstarren lassen. Tortenring entfernen, mit geschlagener Sahne Tupfer setzen, mit Puderzucker und Kakao bestäuben und mit hauchdünnen Schokotäfelchen garnieren.

Tipp: *Wenn's mal ganz schnell gehen muss – Mousse au chocolat von Dr. Oetker als Fertigprodukt nur zum Anrühren ist eine gute Alternative als Füllung.*

Schmetterling-Orangen-Torte

– nach einem Kraichgaurezept von Ursina

Biskuit:
2 Eier
2 EL Wasser
80 g Zucker
1 P. Vanille-Zucker
70 g Mehl
30 g Speisestärke
1 gestr. TL Backpulver

Creme:
60 g Speisestärke
60 g Zucker
1 Ei
2 Eigelb
250 ml Milch
600 ml Orangensaft
200 g Butter
100 g Puderzucker

Füllung:
300 g Löffelbiskuits
ca. 400 g Mandarinenschnitze

Zum Tränken:
100 ml Orangensaft
5 EL Orangenlikör

Garnitur:
100 g Mandelblättchen
200 ml Sahne
1 P. Sahnesteif
etwas Kakao
50 g Schokolade

Für den Biskuit Eier, lauwarmes Wasser, Zucker und Vanille-Zucker sehr schaumig rühren. Mehl, Stärkemehl und Backpulver sieben, mischen und mit einem Schneebesen locker unter den Eierschaum ziehen. Eine Tortenform, Ø 28 cm, nur am Boden einfetten und exakt mit Papier belegen. Teig einfüllen, glatt streichen und sofort backen.

Backen: *Vorgeheizt, O/U-Hitze 190°, ca. 20 min, mittlere Schiene*

Für die Creme Speisestärke und Zucker mischen, mit den Eiern verquirlen, Milch und Saft zufügen, in einem Topf alles erhitzen, dabei ständig rühren und kurz aufkochen lassen. Während des Abkühlens ab und zu durchrühren, damit sich keine Haut bildet. Butter schaumig schlagen, gesiebten Puderzucker zufügen und langsam die auf Zimmertemperatur abgekühlte Creme löffelweise in die Buttermasse rühren.

Den Tortenboden auf einer Kuchenplatte mit einem Tortenring umschließen. Saft und Orangenlikör in einer kleinen Schüssel mischen, Mandarinenschnitze abtropfen lassen. Achtung: Für die Schmetterlingsgarnitur 32 Mandarinenschnitze zur Seite legen.

Auf den Tortenboden Creme streichen, Löffelbiskuits ganz kurz in die Tränke tauchen und sofort auf dem Tortenboden sternförmig anordnen. Zwischenräume mit Mandarinenschnitzen ausfüllen. Eine Schicht Creme darüber verteilen und den Vorgang nochmals wiederholen. Abschluss der Torte bildet eine glatte Schicht Creme. Die Torte in 16 Stücke einteilen und auf jedes Stück 2 Mandarinenschnitze als Schmetterling legen. Mindestens 4 Std kühl durchziehen lassen.

Mandelblättchen in einer Pfanne goldbraun rösten und sofort auf einem Teller abkühlen lassen.

Sahne mit Sahnesteif schnittfest schlagen, Tortenring entfernen, 2 EL Sahne mit Kakao dunkel färben und in eine Tortenspritze mit kleiner runder Lochtülle füllen und Schmetterlingskörper spritzen. Restliche Sahne an den Rand der Torte streichen und die Mandelblättchen andrücken. Schokoladenspäne nach Belieben in die Mitte der Torte legen.

Sahne-Quark-Torte

Rührteig:

150 g Butter
50 g Zucker
2 Eigelb
1 P. Vanille-Zucker
1 Prise Salz
150 g Mehl
1/2 TL Backpulver

Füllung:

9 Blatt Gelatine
8 EL Zitronensaft
500 g Sahnequark
200 g Zucker
2 Eiweiß
1/2 l Sahne
ca. 400 g Früchte

Garnitur:

100 g Mandelblättchen

Sahne-Quark-Torte

– Marias feine belgische Art

Butter, Zucker, Eigelb, Vanille-Zucker und Salz schaumig rühren. Das Mehl mit Backpulver zufügen und zu einem glatten, streichfähigen Teig verarbeiten. Jeweils die Hälfte des Teiges auf einem gefetteten, exakt mit Papier belegten Springformboden, Ø 26 cm, mit einer Palette glatt streichen. Um den Boden die Springform legen.

Backen: *Vorgeheizt, O/U-Hitze 180°, jeweils ca. 25 min, mittlere Schiene*

Nach dem Backen die beiden Böden gleich von der Form nehmen. Einen Boden sofort vorsichtig in 16 Stücke schneiden und auskühlen lassen.

Für die Quarkmasse die Gelatine einweichen. Den Sahnequark mit Zucker und Zitronensaft gut verrühren. Das Eiweiß und die Sahne jeweils in einer Schüssel steif schlagen. Die gewärmte, gelöste Gelatine (Micro 600 W 20 sec) unter die Quarkmasse rühren, dann die Sahne und den Eischnee locker unterziehen. Obst (Saison- oder Dosenobst) zufügen, zum Garnieren schöne Früchte reservieren.

Den ganzen Tortenboden auf eine Tortenplatte legen. Einen Kuchenring mit feinem Öl dünn einpinseln, mit Puderzucker bestäuben und dann um

Tiramisu-Torte

Biskuit:

3 Eier
3 EL Wasser
60 g Zucker
60 g Mehl
20 g Kakao
1 gestr. TL Backpulver

Füllung:

4 Blatt Gelatine
2 Eigelb
2 geh. EL Zucker
200 g Mascarpone
2 Eiweiß
200 g Löffelbiskuits
2 Tassen Milchkaffee
1/2 Tasse Kaffeelikör
ca. 500 g Sauerkirschen

Zum Garnieren:

Moccabohnen
Zartbitterschokolade

Tiramisu-Torte

– „Zieh' mich auf"- mit dem Lebenselixier Kaffee

Für den Biskuit die Eier, Wasser und Zucker sehr schaumig rühren, Mehl, Kakao und Backpulver mit dem Schneebesen unterziehen. Teig in eine nur am Boden gefettete, mit Backpapier belegte Tortenform, Ø 28 cm, füllen.

Backen: *Vorgeheizt, O/U-Hitze 180°, ca. 20 min, mittlere Schiene*

Biskuit noch heiß aus der Form lösen und Papier abziehen, auskühlen lassen. Eine Tasse sehr starken Kaffee kochen und kalt stellen.

Für die Füllung zuerst Gelatine einweichen, Eiweiß zu Schnee schlagen. Eigelb und Zucker in einer extra Schüssel über Wasserdampf mit einem Schneebesen schaumig rühren – ohne Unterbrechung, sonst gerinnt das Ei – und dabei auf ca. 65° erhitzen. Schüssel dann sofort vom Topf nehmen und die Gelatine darin auflösen. Etwas abkühlen lassen, dabei leicht rühren, dann Mascarpone hinzufügen, schließlich Eischnee unterheben.

Den Biskuit auf eine Tortenplatte legen und einen Tortenring, mit Öl dünn eingepinselt und mit Puderzucker bestäubt, anpassen. Sauerkirschen über ein Sieb schütten und abtropfen lassen. Eine kleine Schüssel mit 1 Tasse Kaffee, 1 Tasse Milch und Likör füllen.

den Tortenboden schließen. Die Quarkcreme einfüllen, glatt streichen, die 16 Tortenstückchen auf die Creme legen und ca. 3 Stunden kalt stellen, bis die Creme schnittfest ist.

Mandeln in einer Pfanne goldbraun rösten und auf einem Teller auskühlen lassen. Bei der Torte den Ring vorsichtig entfernen. Mandelblättchen an den Rand drücken. Vor dem Servieren mit Puderzucker bestäuben und mit Obst garnieren.

Ca. 1/3 der Mascarponecreme auf den Biskuit streichen, die Löffelbiskuits nur ganz kurz in die Kaffeemischung tauchen und sternförmig auf den Boden legen. Die Zwischenräume werden mit der Hälfte der Sauerkirschen gefüllt. Darüber das zweite Drittel der Creme streichen, die getauchten Biskuits ebenfalls sternförmig darauf legen, jedoch so versetzt, dass sie auf den Kirschen liegen. In die Zwischenräume die restlichen Kirschen legen und den Rest der Creme darüber streichen. Die Torte mindestens 3-4 Stunden kalt stellen. Nach Belieben mit Moccabohnen und Kuvertüre garnieren.

Schneewittchen-Sterntaler-Torte

– märchenhafte Spezialität

Rührteig:
150 g weiche Butter
50 g Zucker
1 P. Vanille-Zucker
1 Prise Salz
2 Eigelb
150 g Mehl
1 gestr. TL Backpulver

Dunkle Mousse:
3 Blatt Gelatine
200 g Zartbitter-Schokolade
150 g Schlagsahne
2 Eiweiß
2 geh. EL Puderzucker

Weiße Mousse:
3 Blatt Gelatine
200 g weiße Schokolade
3 Eiweiß
200 g Sahne

Fruchtmark:
500 g Erdbeeren, Himbeeren oder rote Johannisbeeren
2 geh. EL Zucker
2 EL Zitronensaft
5 Blatt Gelatine

Garnitur:
20 g gehackte Pistazien
1 Sternfrucht (Karambole) oder
schöne Früchte (Sorte wie Fruchtmark)
evtl. 100 ml Sahne

Für den Rührteig die Butter sehr schaumig rühren, Zucker, Vanille-Zucker, Salz und Eigelb zufügen, Mehl und Backpulver in die Masse rühren.

Tortenform, Ø 28 cm, nur am Boden fetten, mit Backpapier exakt belegen und den Teig darauf streichen.

Backen: *Vorgeheizt, O/U-Hitze 180°, ca. 30 min, mittlere Schiene*

Boden 5 min abkühlen lassen, dann auf ein Kuchengitter stürzen, Papier abziehen und auskühlen lassen, danach auf eine Tortenplatte legen und mit einem Tortenring, dünn mit Öl bepinselt und mit Puderzucker bestäubt, umschließen.

Für die dunkle Mousse Gelatine in kaltem Wasser einweichen, Kuvertüre auflösen, Sahne steif schlagen, Eiweiß mit gesiebtem Puderzucker sehr steif schlagen. Gelatine in der Micro 20 sec bei 600 W oder im Topf auflösen.

In die Sahne die lauwarme Kuvertüre mit dem Schneebesen ziehen. Zwei EL dieser Schokosahne mit der Gelatine vermischen und dann in die Schokomasse rühren, das Eiweiß ebenfalls mit dem Schneebesen in die Masse ziehen.

Mousse auf den Tortenboden streichen und mindestens 1 Std kühlen.

Für die weiße Mousse Gelatine einweichen, Schokolade auflösen, Eiweiß zu steifem Schnee schlagen, Sahne steif schlagen. Die ausgedrückte Gelatine in die Sahne rühren und mit einem Schneebesen unter die weiße Schokolade heben. Eiweiß unterziehen und die weiße Mousse auf die dunkle Mousse streichen und 3 Std kühlen.

Für das Fruchtmark die Gelatine einweichen, die Beeren (evtl. ein paar schöne Exemplare für die Garnitur reservieren) durch ein Passiersieb rühren oder mixen und durch ein Haarsieb streichen.

Das Mark mit Zitronensaft und Zucker mischen, die aufgelöste Gelatine unterrühren und die Masse auf die weiße Mousse verteilen. Fruchtmark ca. 2 Std erstarren lassen. Die Pistazien fein hacken und die Torte damit bestreuen. Mit den Sternscheiben der Karambole oder mit roten Früchten und Sahnesternen garnieren.

Tipp: *Diese Schneewittchen-Torte kommt auch als feines Dessert immer gut an. Ideal bei größeren Festen, da sie bereits am Tag zuvor zubereitet werden kann.*

Schwarzwälder Kirschtorte

– weil die Badener wissen, wie man den Gaumen verwöhnt

Biskuit:
5 Eier
5 EL Wasser
170 g Zucker
1 P. Vanille-Zucker
150 g Mehl
100 g gem. Mandeln
1 geh. TL Backpulver
2 gestr. EL Kakao
1 gestr. TL Zimt

Füllung und Garnitur:
Sauerkirschen
(Abtropfgewicht ca. 600 g)
400 ml Kirschsaft
2 EL Zucker
40 g Speisestärke
4 EL Kirschschnaps
1 gestr. TL Zimt
1 Prise Nelken
3/4 l Sahne
3 P. Sahnesteif
2 P. Vanille-Zucker
ca. 100 g Kuvertüre

Weihnachtstorte:
Biskuit wie
Schwarzwälder Kirschtorte

Füllung:
ca. 600 g Williams-Christ-Birnen
100 g gem. Mandeln
1 EL Zucker/Zimtmischung
3/4 l Sahne
3 P. Sahnesteif

Garnitur:
1 EL Zucker/Zimtmischung
Schokoladen-Motive

Für den Biskuitteig die Eier, lauwarmes Wasser, Zucker und Vanille-Zucker sehr schaumig rühren. Mehl, Mandeln, Backpulver, Kakao und Zimt mischen und mit einem Schneebesen unter den Eierschaum heben.

Eine Tortenform, Ø 28 cm, nur am Boden einfetten und mit Backpapier exakt auslegen. Teig einfüllen und glatt streichen.

Backen: *Vorgeheizt, O/U-Hitze 190°, ca. 30 min, mittlere Schiene*

Nach dem Backen mit einem Messer vorsichtig den Kuchen vom Rand lösen, Tortenformring entfernen, den Kuchen auf ein Kuchengitter stürzen und Backpapier abziehen. Kuchen auskühlen lassen.

Kuvertüre schmelzen und auf eine flache Glas- oder Marmorplatte streichen. Erstarren lassen.

Die Sauerkirschen über ein Sieb schütten. Kirschsaft zum Kochen bringen. Zucker, Zimt, Nelken und Stärkemehl mit dem Kirschschnaps anrühren, dann in den Kirschsaft rühren und kurz aufkochen. Diese Puddingmasse abkühlen lassen, die Kirschen zufügen. Achtung: Für die Garnitur 16 schöne Kirschen beiseite legen.

Tortenboden einmal durchschneiden. Die kalte Kirschmasse auf den Tortenboden streichen, am Rand zwei cm frei lassen. Die Sahne wird langsam angeschlagen, die Geschwindigkeit gesteigert, Vanille-Zucker und Sahnesteif zugefügt und auf höchster Stufe geschlagen, bis die Sahne steif ist.

1/3 der Sahne mit einer Palette über die Kirschmasse verteilen. Deckel darüber legen und etwas andrücken. Sahne für 16 Tupfen in den Spritzbeutel füllen, den Rest der Sahne rings um die Torte streichen. 16 Stücke einzeichnen, Tupfen auf jedes Tortenstück setzen und mit jeweils einer Kirsche garnieren. Mit einem scharfen Messer oder einer Sandwichpalette von der Kuvertüre Rollen schaben und auf der Torte anordnen.

Tipp: *Wer es alkoholischer möchte, kann 4 EL Kirschwasser, 1 EL Zucker, 1 EL Wasser mischen und auf den Boden der Kirschtorte träufeln.*

Weihnachtstorte:
Mit „Birnen, Zimt und Mandelkern“ lässt sich leicht eine Festtagstorte zaubern.

Biskuit wie für Schwarzwälder Torte backen. Mandeln mit der Zucker/Zimtmischung in der Pfanne rösten und auf einem Teller abkühlen lassen. Sahne mit Sahnesteif sehr steif schlagen, ca. 1/4 der Sahne in einen Spritzbeutel zum Garnieren füllen, der restlichen Sahne die Mandeln zufügen. Biskuit einmal durchschneiden und mit den Birnenschnitzen belegen. Die Hälfte der Mandelsahne auf die Birnen streichen, den zweiten Biskuitboden darauf legen und etwas andrücken. Restliche Mandelsahne rings um die Torte streichen und nach Belieben weihnachtlich garnieren.

Nussrührteig:
100 g weiche Butter
150 g Zucker
3 Eigelb
100 g gem. Walnüsse
1 gestr. TL Zimt
2 EL Rum
100 g Mehl
50 g feine Schokoraspel
3 Eiweiß

Biskuit:
2 Eiweiß
1 Pr. Salz
100 g Zucker
2 Eigelb
60 g Mehl
20 g Speisestärke
1 gestr. TL Backpulver

Puddingcreme:
1/2 l Milch
1 Vanillestange
1 EL Zucker
1 P. Vanille-Puddingpulver
250 g Butter
50 g Puderzucker

Schokocreme:
1/4 l Sahne
200 g Zartbitter-Schokolade
80 g Butter
ca. 450 g Birnen
aus der Dose

Garnitur:
100 g Walnüsse
2 EL Zucker
etwas Kakao zum Bestäuben
16 Walnusshälften

Walnuss-Klassiker

– mit saftiger Birnenfüllung

Die Zutaten für den Nussteig nacheinander zu einem Rührteig verarbeiten, zuletzt den Eischnee unterheben. In eine nur am Boden gefettete, mit Backpapier exakt belegte Tortenform, Ø 26 cm, füllen.

Backen: *Vorgeheizt, O/U-Hitze 180°, ca. 40 min, mittlere Schiene*

Für den Biskuit Eiweiß mit Salz zu sehr steifem Schnee schlagen, Zucker einrieseln lassen, Eigelb und Mehlgemisch locker mit dem Schneebesen unterziehen.

Tortenform wie oben vorbereiten und Biskuitmasse einfüllen.

Backen: *Vorgeheizt, O/U-Hitze 200°, ca. 15 min, mittlere Schiene*

Für die Vanillecreme Puddingpulver mit dem Zucker und etwas kalter Milch verrühren, restliche Milch mit der aufgeschlitzten Vanillestange kochen, verqirltes Puddingpulver in die Milch rühren und Pudding aufkochen lassen. Vanilleschote entfernen, Pudding bei Zimmertemperatur erkalten lassen. 250 g Butter sehr schaumig rühren, Puderzucker zufügen und nach und nach löffelweise den Pudding einrühren.

In einer Pfanne 2 EL Zucker auflösen und goldbraun werden lassen, Walnüsse darin karamelisieren (kleben dabei zusammen!) und sofort auf einem Teller abkühlen lassen. Die kalten Walnüsse zu feinem Krokant hacken.

Für die Schokocreme Sahne aufkochen, dann auf ca. 60° abkühlen lassen und die kleingeschnittene Zartbitterschokolade darin auflösen. Diese Masse erkalten lassen.

Den Nusskuchen einmal durchschneiden. Biskuit und Birnen in 2 cm Würfel schneiden, mit der Vanillecreme mischen und auf den Nussboden streichen. Den zweiten Nussboden auf die Cremeschicht legen und leicht andrücken. Die Butter gut schaumig rühren und nach und nach löffelweise die Schokosahne zufügen. Die Torte mit der Schokoladencreme rundherum bestreichen. Die Tortenoberfläche glattstreichen oder mit einem Wellenkamm etwas verziehen und mit Kakao pudern. Walnusskrokant an den Rand drücken, halbe Walnusskerne garnieren.

Tipp: *Anstatt Birnen schmecken auch Sauerkirschen als Füllung sehr gut.*

Achtung: *Trüffelgrundmasse und Biskuitböden am Vortag zubereiten!*

Heller Biskuit:

4 Eier
160 g Zucker
1 P. Vanille-Zucker
2 EL Wasser
150 g Mehl
2 gestr. TL Backpulver

Dunkler Biskuit:

4 Eier
160 g Zucker
2 EL Wasser
140 g Mehl
2 gestr. EL Kakao
2 gestr. TL Backpulver

Trüffel:

600 ml Sahne
250 g weiße Kuvertüre
2 EL Whisky

100 g Mandelblättchen
ca. 300 g Johannisbeergelee oder Marmelade durch ein Haarsieb gestrichen
beliebige Schokolade zum Garnieren

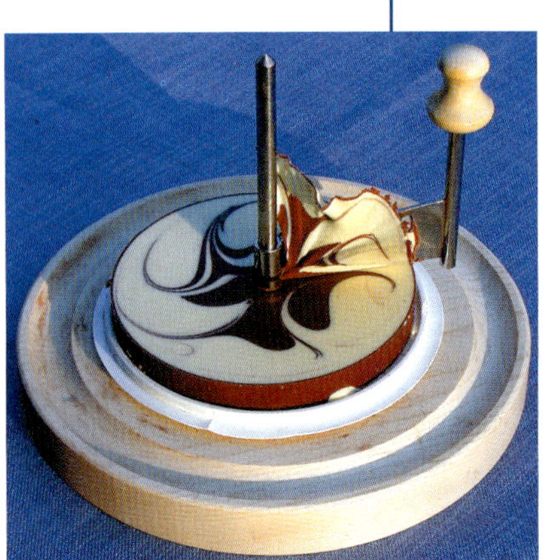

Weiße Whisky-Trüffel-Torte

– edel für Gaumen und Auge

Tortenform, Ø 28 cm, nur am Boden einfetten und exakt mit Backpapier auslegen.

Für den hellen Biskuit Eier, Zucker, Vanille-Zucker und warmes Wasser sehr schaumig schlagen, Mehl und Backpulver mit dem Schneebesen unterziehen und sofort in die Form füllen.

Backen: *Vorgeheizt, O/U-Hitze 200°, ca. 25 min. mittlere Schiene*

Sofort nach dem Backen den Rand mit dem Messer lösen, Kuchen stürzen und Backpapier abziehen.

Ebenso den dunklen Biskuit backen, nur dem Mehl und Backpulver den Kakao zufügen.

Für die Trüffelmasse die Sahne aufkochen, etwas abkühlen, den Whisky zufügen und unter ständigem Rühren die weiße Kuvertüre (in kleine Stücke geschnitten) darin auflösen. Diese Masse über Nacht im Kühlschrank stehen lassen.

Am nächsten Tag die Mandelblättchen in einer Pfanne ohne Fett hellbraun rösten und auf einem Teller auskühlen lassen. Die beiden Biskuits jeweils ein Mal durchschneiden, so dass 4 Böden zur Verfügung stehen. Einen dunklen und einen hellen Boden beiseite legen. Die restlichen zwei Böden in Ringe schneiden, pro Lage, je nach Geschicklichkeit, 4 bis 6 Ringe.

Die Trüffelcreme kräftig mit dem Schneebesen der Küchenmaschine oder des Handrührers aufschlagen, bis die Masse eine cremig-sahnige Konsistenz hat.

Den dunklen Boden auf eine Tortenplatte legen, mit 3 gehäuften EL Johannisbeergelee bestreichen, dann die Ringe abwechselnd dunkel/hell auf den Boden legen. Darüber 3 EL Trüffelcreme streichen. Die nächste Lage Ringe farblich versetzt anordnen, mit 3 EL Gelee bestreichen und den hellen Boden als Deckel auf die Torte legen. Die restliche Trüffelcreme um die Torte streichen und mit dem Wellenkamm Muster ziehen. Am Rand die Mandelblättchen andrücken. Die Mitte der Torte mit weißen und dunklen Schokoladenröllchen beliebig garnieren.

Tipp 1: *Besonders originell sieht diese Torte mit Choc-o-rolles aus, eine Schweizer Schokoladenspezialität.*

Tipp 2: *Sehr lecker schmeckt diese Torte im Frühsommer, wenn auf den unteren dunklen Boden zum Gelee noch ca. 200 g frische Johannisbeeren gemischt werden. Evtl. einige Henkel frische Johannisbeeren zum Garnieren mit Eiweiß bepinseln und mit Zucker bestreuen, das sieht „frisch und frostig“ aus.*

Windbeutel/Schwäne

Brandteig:

1/8 l Wasser
70 g Butter
1 Prise Salz
1 P. Vanille-Zucker
150 g Mehl
3 - 4 Eier
1 TL Backpulver

Füllung:

500 ml Sahne
2 P. Sahnesteif
2 P. Vanille-Zucker
beliebiges Obst

Windbeutel/Schwäne

– ein Luftikus kommt selten allein

Für den Brandteig werden Wasser, Butter, Salz und Vanille-Zucker gekocht. Topf von der Heizstelle nehmen, Mehl auf einmal hinein schütten und gut verrühren, dann wieder auf den Herd stellen und abbrennen, d.h., so lange rühren, bis sich ein Kloß bildet und auf dem Topfboden eine weiße Schicht zu sehen ist. Dann den Teig in eine Schüssel geben, ein Ei mit dem Knethaken unterheben. Wenn die Masse homogen ist, das nächste Ei in den Teig arbeiten usw. Sieht der Teig glänzend aus und fällt vom Knethaken mit langen Spitzen, so ist die Konsistenz des Brandteiges richtig. Ein Backblech fetten und mit Mehl bestäuben. Teig in einen Spritzbeutel mit Zackentülle füllen und Häufchen auf das Blech spritzen. Für Schwäne die Körper etwas länglich spritzen, für die Schwanenhälse mit einer kleineren, runden Lochtülle eine „2" spritzen.

Backen: *Vorgeheizt, O/U-Hitze 230 °, ca. 20 - 40 min, mittlere Schiene*

Die Backzeit richtet sich nach der Größe des Gebäcks – es sollte schön hellbraun aussehen. Die Schwanenhälse separat backen (kürzere Backzeit).

Den Backofen die ersten 20 min auf keinen Fall öffnen, da die Windbeutel sonst zusammen fallen. Erkaltete Windbeutel mit einem scharfen Messer oder einer Schere aufschneiden und mit steif geschlagener Sahne und Obst füllen, Deckel darauf legen und mit Puderzucker bestäuben.

Die Schwäne ebenfalls quer durchschneiden, das Oberteil als Flügel nochmal längs durchschneiden. Sahne und Obst in den Körper füllen, Hals und Flügel hineinstecken und mit Puderzucker bestäuben.

Eclairs

Brandteig:

siehe Rezept Windbeutel, jedoch länglich mit Zackentülle auf das Blech in leichter S-Form spritzen

Füllung:

1/8 l starker Kaffee
1 Ei
40 g Zucker
2 P. Vanille-Zucker
2 TL löslicher Kaffee
1 geh. EL Speisestärke
250 g Butter
80 g Puderzucker

Glasur:

100 g Puderzucker
1 geh. TL löslicher Kaffee
2 - 3 EL Wasser

Eclairs (Liebesknochen)

– für Kaffeeliebhaber eine feine Sache

Für die Füllung werden Kaffee, Zucker, Vanille-Zucker, Ei und Speisestärke im heißen Wasserbad geschlagen, bis die Masse dickflüssig ist. Diesen Kaffeepudding auf Zimmertemperatur abkühlen lassen. In der Zwischenzeit die Eclairs mit einem scharfen Messer oder einer Schere quer aufschneiden.

Für die Glasur den Puderzucker und den Kaffee mit kochendem Wasser sehr gut verrühren. Zuckerglasur auf die Oberteile der Eclairs streichen, trocknen lassen.

Butter und Puderzucker schaumig rühren und löffelweise den kalten Kaffeepudding zufügen. Die Kaffeebuttercreme in einen Spritzbeutel füllen und in die Unterteile der Eclairs füllen. Glasierte Deckel darüber legen und leicht andrücken.

Mürbeteig:
250 g Mehl
1 Ei
1 Eigelb
125 g Butter
75 g Zucker
1 MS Backpulver

Schmand-Creme:
250 g Schmand
15 g Vanille-Puddingpulver
50 g Zucker
2 Eier
1 EL brauner Rum
50 g Kokosflocken

Baiser-Masse:
3 Eiweiß
150 g Zucker

Marsala-Schaum:
4 Eigelb
1 Ei
1/8 l Marsala
(oder Sherry)
1 EL Kaffeelikör
1 TL Kaffeepulver
50 g Zucker

Kreolische Muffin-Törtchen

– Dessert-Spezialität
von Christel Lang, Brasserie Büchenau

Alle Zutaten für den Mürbeteig auf einer Arbeitsplatte mit zwei Messern hacken, mit den Händen zusammen kneten und mindestens 4 Std kühlen. Danach den Mürbeteig ca. 5 mm dick ausrollen, Kreise, Ø ca. 10 cm, ausstechen und in 10 gebutterte Muffin- oder Briocheförmchen legen. Muffinpapierförmchen mit Linsen füllen, auf die Mürbeteigformen legen und die Törtchen „blind backen", d.h., Mürbeteig ohne Füllung vorbacken.

Backen: *Vorgeheizt, O/U-Hitze 200°, ca. 12 min, mittlere Schiene*

Törtchen abkühlen lassen, die Linsen-Papierförmchen heraus nehmen und die Mürbeteig-Törtchen vorsichtig auf ein mit Backpapier belegtes Backblech setzen.

Kokosflocken in einer Pfanne ohne Fett hellbraun rösten und auf einem Teller auskühlen lassen.

Eier, Zucker und Rum zu einer Creme aufschlagen, Schmand, Puddingpulver und Kokosflocken zufügen. Die Schmandcreme in die Mürbeteigtörtchen füllen. Das Eiweiß mit dem Zucker über heißem Wasserdampf aufschlagen und danach wieder kalt schlagen, oder einfach mit der Kitchen-Aid einen sehr steifen Eischnee herstellen. Baisermasse in einen Spritzbeutel mit Sterntülle füllen und die Muffins nach Belieben garnieren.

Backen: *Vorgeheizt, O/U-Hitze 200°, ca. 20 min, untere Schiene*

Für den Marsalaschaum alle Zutaten über dem Wasserdampf schaumig schlagen (auf ca. 65°C) und sofort aus der heißen Schüssel gießen. Lauwarm oder kalt zu den Muffins servieren.

Tipp 1: *Diese Muffin-Törtchen schmecken ganz frisch zubereitet, mit Marsala-Schaum und einer Kugel Pina Colada- oder Vanille-Eiscreme serviert, zu einer Tasse Cappuccino sehr lecker.*

Tipp 2:
Mit den Zutaten der Muffin-Törtchen einen Kuchen, Tortenform, Ø 28 cm, backen. Auch hier den Mürbeteig blind backen, d.h. Pergamentpapier, Ø 32 cm, auf den Teig legen, am Rand etwas knicken und mit Linsen füllen.

Backen: *Vorgeheizt, O/U-Hitze 200°, ca. 30 min, untere Schiene*

Tipp 3:
Die fruchtige Variante: In die Mürbeteigtörtchen 1/2 Aprikose (in „Batida de Coco" mariniert) legen, mit Schmandcreme füllen und mit Baiser dekorieren.

Backen: *Vorgeheizt, O/U-Hitze 200°, ca. 30 min, untere Schiene*

Büchenauer Knacker
250 g Butter
200 g Zucker
2 P. Vanille-Zucker
1 gestr. TL Zimt
2 Eier
250 g grob gehackte Walnüsse
375 g Mehl
50 g Stärkemehl

Guss:
ca. 200 g Schokoguss

Büchenauer Knacker

Butter schaumig rühren, Zucker, Vanille-Zucker, Zimt und Eier zufügen und schaumig rühren.

Nüsse in den Teig geben und das Mehl und Stärkemehl mit den Händen unterkneten. Teig zu zwei Rollen, Ø 5 cm, formen und mindestens 2 Std kühl stellen.

Backbleche mit Backpapier belegen. Mit einem scharfen Messer die Teigrollen in ca. 12 mm starke Scheiben schneiden und auf die Backbleche legen.

Backen: *Vorgeheizt, O/U-Hitze 200°, ca. 15 min, mittlere Schiene*

Die kalten Knacker nach Belieben in die geschmolzene Schokolade tauchen und auf Alufolie oder Pergamentpapier erstarren lassen.

Quarkteig-Schnecken
150 g weiche Butter
50 g Zucker
2 Eier (1/2 Eiweiß f. Guss)
1 Prise Salz
200 g Quark, 20%ig
350 g Mehl
1 P. Backpulver

Füllung:
200 g Mohnfüllung

Guss:
100 g Puderzucker
1/2 Eiweiß

Quarkteig-Schnecken

Butter, Zucker, Ei, Salz und Quark schaumig rühren, Mehl und Backpulver mischen und unterkneten. Teig ca. 30 min kühlen. Zwei Backbleche mit Backpapier belegen.

Den Teig auf der bemehlten Arbeitsfläche 40 x 40 cm ausrollen, mit Mohnmasse bestreichen, den Teig zusammenrollen. In Back- oder Pergamentpapier einwickeln und nochmals ca. 30 min kühlen. Teigrollen in 2 cm dicke Scheiben schneiden und auf die Bleche legen.

Backen: *Vorgeheizt, O/U-Hitze 180°, ca. 20 min, mittlere Schiene*

Den Puderzucker mit dem 1/2 Eiweiß gut verrühren. Den Guss mit einem Pinsel auf die Schnecken streichen.

Tipp: *Anstatt Mohnfüllung 100 g Mandelblättchen, 100 g Schmand, 2 EL Zucker, Zimt und Sultaninen nach Belieben, auf die Teigplatte streichen. Das schmeckt auch sehr gut.*

Schweine-Öhrchen
2 Scheiben Tiefkühl-Blätterteig
1 Eiweiß
1 EL Zucker/Zimtmischung oder Schokoglasur

Evtl. nach dem Erkalten die Öhrchen in flüssige Schokoglasur tauchen und auf Pergament trocknen lassen

Schweine-Öhrchen

Blätterteig auftauen lassen, 2 Backbleche mit kaltem Wasser abspülen. Die Teigscheiben dünn mit Eiweiß bepinseln und jeweils zur Hälfte von den beiden Längsseiten zur Mitte einschlagen. Diese beiden doppelten Seiten nochmals zur Mitte zusammen legen. Die Blätterteigrolle in 0,5 cm dicke Scheiben schneiden und auf den Backblechen verteilen.

Für Miniöhrchen zum Nachtisch die Blätterteigscheiben der Länge nach teilen und diese Streifen ebenso zusammen falten. Die Scheiben mit etwas Eiweiß bepinseln und mit Zucker/Zimtmischung bestreuen.

Backen: *Vorgeheizt, O/U-Hitze 200°, ca. 10 bis 15 min, mittlere Schiene*

Kokosecken, Nussecken und Florentiner

Mürbeteig:
300 g Mehl
100 g Zucker
1 Ei
150 g Butter

Zum Bestreichen:
ca. 4 EL Ananasmarmelade

Kokosmasse:
200 g Butter
200 g Zucker
2 P. Vanille-Zucker
2 EL Wasser
2 EL Orangenlikör
400 g Kokosraspel

Nussmasse:
100 g weiche Butter
200 g Zucker
2 P. Vanille-Zucker
1 gestr. TL Zimt
2 Eier
2 EL Orangenlikör
400 g gem. Haselnüsse

Florentinermasse:
1/4 l Sahne
2 EL Honig
150 g Zucker
150 g Butter
200 g Mandelblättchen
150 g gehackte Mandeln

Glasur:
jeweils
300 g Schokoladen-Glasur

Kokosecken

Alle Zutaten für den Mürbeteig auf die Arbeitsfläche häufen, mit zwei Messern hacken und mit den Händen zusammenkneten. Teig mindestens 1 Std kühlen.

Auf einem gefetteten Backblech (ca. 40 x 35 cm) den Teig ausrollen, mit einer Gabel mehrmals einstechen und mit Marmelade bestreichen.

Für die Kokosmasse Butter, Zucker, Wasser im Topf erhitzen, vom Herd nehmen und die Kokosraspel, Vanille-Zucker und Likör untermischen. Abkühlen lassen und danach auf den Mürbeteig streichen und etwas festdrücken.

Backen: *Vorgeheizt, O/U-Hitze 200°, ca. 25 min, mittlere Schiene*

Etwas abkühlen lassen und dann in Quadrate, 10 x 10 cm, danach diagonal in Dreiecke schneiden.

Die kalten Ecken nach Belieben in Schokoladenglasur tauchen und auf Alufolie erstarren lassen.

Nussecken

Mürbeteig wie bei Kokos-Ecken herstellen, jedoch mit Himbeer- oder Johannisbeermarmelade bestreichen.

Für die Nussmasse Butter schaumig rühren, Zucker, Vanille-Zucker und Zimt zufügen, Eier und Orangenlikör sowie die Nüsse unterrühren. Nussmasse gleichmäßig auf den Mürbeteig streichen.

Backen und Garnieren wie Kokosecken.

Florentiner

Mürbeteig wie bei Kokos-Ecken, jedoch mit Aprikosen- oder Orangenmarmelade bestreichen.

Die Sahne, Honig, Zucker und Butter im Topf erhitzen und die Mandeln unterrühren.

Den Knetteig 15 min vorbacken, dann die erwärmte, fein gemixte Marmelade vorsichtig darüber pinseln, danach die Mandelmasse darüber streichen und noch ca. 15 min backen.

Die Florentinerplatte stürzen, Mürbeteigseite mit Schokolade bestreichen und mit einem Wellenkamm Muster ziehen. Mit einem scharfen Messer (Klinge im Wasser erwärmt) in Dreiecke schneiden.

Walnuss-Bömbchen
Achtung:
300 g Sultaninen am Vortag in Rum einlegen oder Rum-Sultaninen verwenden

Rührteig:
100 g weiche Butter
100 g brauner Zucker
3 Eier
2 gestr. TL Zimt
1 gestr. TL Nelken
300 g Mehl
400 g Walnüsse
150 g Schokochipse

Walnuss-Bömbchen

– schnelles, feines Knuspergebäck

Für den Rührteig die Butter schaumig rühren, Zucker und nach und nach die Eier zufügen, Gewürze mit dem Mehl mischen und kurz unterrühren. Die sehr grob gehackten Walnüsse, Schokochipse und Sultaninen mit einem Kochlöffel untermengen.

Backbleche mit Backpapier auslegen und mit zwei Teelöffeln kleine Teighäufchen bilden, walnussgroße Kugeln rollen und ca. 40 Stück auf ein Blech setzen.

Backen: *Vorgeheizt, O/U-Hitze 190°, ca. 20 min, mittlere Schiene*

Walnuss-Teegebäck
250 g weiche Butter
80 g Zucker
50 g Puderzucker
1 P. Vanillezucker
1 MS Zimt
125 g gem. Walnüsse
250 g Mehl

Zum Garnieren:
Halbe Walnüsse
Schokostreusel
oder Schokodrops
Brauner, grobkörniger Zucker

Walnuss-Teegebäck

Die Butter sehr schaumig rühren, Zucker langsam einrieseln lassen, den Puderzucker dazu sieben, Vanillezucker und Zimt zufügen und die Masse weiter schlagen, bis sie hell und cremig ist. Zuerst die gemahlenen Nüsse, dann das Mehl in die Buttermasse rühren (die Kitchen-Aid-Küchenmaschine mit Flachschläger kann das), ansonsten mit dem Kochlöffel vermengen. Zwei Backbleche mit Backpapier belegen.

Von dem Teig maximal walnussgroße Stückchen abzupfen und zu Kugeln rollen. Diese mit dem Daumen etwas flach drücken und die Oberseite wahlweise in Schokostreusel oder braunen Zucker drücken oder mit Nüssen garnieren und auf das Blech setzen.

Dieser Teig läuft beim Backen etwas auseinander – also Platz lassen (pro Blech ca. 30 Stück)

Backen: *Vorgeheizt, O/U-Hitze 190°, ca. 15 - 20 min, mittlere Schiene*

Tipp: *Dieses Gebäck schmeckt auch mit Haselnüssen oder Mandeln sehr fein.*

Welsh Cakes
Mürbeteig:
200 g Mehl
1 gestr. TL Backpulver
1 MS Lebkuchengewürze
100 g Butter
75 g Zucker
2 TL Milch
1 Ei
50 g Korinthen

Welsh Cakes

– Gebäck von Lucy aus der Partnerstadt Cwmbran in Wales

Mehl, Backpulver und Gewürz mischen, weiche Butter Zucker, Milch und Ei zufügen und zu einem homogenen Teig verkneten. Korinthen zufügen. Sollte der Teig kleben, einige Zeit im Kühlschrank ruhen lassen. Arbeitsfläche mit Mehl bestreuen, den Teig 6 mm stark auswellen und runde Plätzchen, Ø ca. 6 cm, ausstechen. Die Teiglinge in einer gefetteten Pfanne (thick frying pan) auf dem Herd bei mittlerer Hitze von beiden Seiten goldbraun backen. Diese „Welsh-Cakes“ können warm oder kalt, nach Belieben mit und ohne Butter bestrichen, serviert werden.

Wales

Pralinen – *da steckt immer etwas Gutes drin – und wer sie selbst herstellt, weiß sogar was! Recht einfach sind Pralinen mit gekauften Hohlkörpern herzustellen. Wer Freude daran hat, sollte sich im „Hobbybäcker-Katalog“ nach den vielfältigen Möglichkeiten erkundigen.*

Ostereier mit Eierlikör-Füllung

Ostereier
1/2 l Sahne
100 g Puderzucker
Vanille-Aroma nach Belieben
100 g weiße Schokoladen-Chipse
5 Eigelb
1/2 l Korn oder Mirabellen-Schnaps
ca. 100 Ostereier-Hohlkörper
100 g Kuvertüre zum Verschließen der Eier

Sahne aufkochen, 150 g Puderzucker und Vanille-Aroma zufügen, Eigelb mit 100 g Puderzucker verrühren und in der heißen Sahnemasse verquirlen, Schokoladenchipse darin auflösen, Schnaps unterrühren.

Einige Stunden in den Kühlschrank stellen, dann mit dem Schneebesen der Küchenmaschine aufschlagen. Mit einem Spritzbeutel in die Eier füllen, die Öffnung mit temperierter Schokolade (Tipps Seite 7) verschließen.

Walnuss-Nougat-Sterne karamelisiert

Walnuss-Nougat-Sterne
50 g Walnüsse
1 EL Zucker
1/4 l Sahne
200 g Nougat
50 g Butter
56 Sternhalbschalen in Vollmilch oder Zartbitter
ca. 50 g Kuvertüre der gleichen Sorte zum Verschließen

1 EL Zucker erhitzen, bis die Masse flüssig und goldgelb ist, dann die fein gehackten Walnüsse zufügen und verrühren. Masse abkühlen und erneut fein hacken. Sahne aufkochen, Butter und Nougat darin schmelzen. Mehrere Stunden kühlen. Die Nougat-Sahne mit dem Schneebesen der Küchenmaschine aufschlagen, bis die Masse eine sahnig-cremige Konsistenz hat, Walnusskrokant kurz untermischen. Dann die Sterne (oder andere Formen) mit einem Spritzbeutel bis 1 mm unter den Rand füllen, danach mehrere Stunden gut kühlen. Kuvertüre temperieren und mit einer Palette so über die Sterne ziehen, dass alle Pralinen dicht geschlossen sind. Nochmals kühlen, danach vorsichtig aus der Form nehmen. Nach Belieben mit feinen Kuvertürelinien garnieren.

Weiße Schokoherzen mit Cappuccino-Sahne

Schokoherzen
1/4 l Sahne
40 g Butter
Vanille-Aroma nach Belieben
2 geh. EL löslicher Espresso
300 g weiße Kuvertüre oder Chipse
ca. 50 Herzschalen
50 Mandeln ohne Schale
weiße Kuvertüre zum Überziehen

Sahne und Butter aufkochen, Espressopulver auflösen, Vanille-Aroma zufügen, alles etwas abkühlen lassen, dann die Kuvertüre in der Espressosahne auflösen. Mehrere Stunden abkühlen lassen. Mit dem Schneebesen der Küchenmaschine aufschlagen, bis die Masse eine cremig-sahnige Konsistenz hat, dann in einen Spritzbeutel mit Zackentülle füllen. In jedes Herz eine Mandel legen und mit Cappuccino-Sahne einen schönen Tupfer spritzen. Mehrere Stunden kühl stellen. Weiße Kuvertüre temperieren (Tipps Seite 7), die Pralinen mit der Spitze eintauchen und trocknen lassen.

Biskuit für 3 Lämmer
5 Eier
200 g Zucker
2 P. Vanille-Zucker
190 g Mehl
1 geh. TL Backpulver

Osterlämmer

Die Lammformen gut einbuttern, mit Semmelbrösel bestreuen und zusammensetzen. Auf ein Backblech stellen.

Eier, Zucker und Vanillezucker sehr schaumig rühren, Mehl und Backpulver gemischt locker mit dem Schneebesen unter die Eiermasse ziehen. Teig sofort in die Formen füllen (höchstens zu 2/3 füllen).

Backen: *Heißluft 160°, ca. 35 min, mittlere Schiene*

Achtung: unbedingt ein kleines Schälchen Wasser auf den Boden des Backofens stellen.

Lämmer sofort nach dem Backen vorsichtig aus den Formen lösen und pudern.

Eierkörbchen
Kransekake-Teig:
Rezept Seite 84

Ostereier-Pralinen
Rezept Seite 114

Osterhasen
Mürbeteig:
Rezept Seite 120
Buttergebäck

Osterkörbchen

Der Original-Kransekake aus Norwegen wird auf speziellen Ring-Backformen hergestellt.

Die Osterkörbe gelingen aber auch ohne diese Formen: Backbleche einfetten und mit Backpapier belegen. Den Teig durch einen Fleischwolf (ohne Messer) mit einer runden Tülle drehen. Dabei möglichst zu zweit arbeiten. Die Ringe direkt auf das Backblech drehen. Kreativität ist angesagt, denn sowohl mit gleich großen Ringen als auch mit verschiedenen Durchmessern lassen sich originelle Körbe herstellen. Kleine und große Henkel nach Belieben backen, z. B. 1/2 Ringe.

Mit der Glasur zusammensetzen. Bis zum Trocknen mit Holzstäbchen fixieren.

Ostereier-Pralinen selbst herstellen und in Körbchen füllen.

Osterhasen aus Mürbeteig: Hasen ausstechen, mit Eigelb/Milch bestreichen und mit Kokosraspel, Nüssen oder Schokostreusel bestreuen und backen. Eine niedliche Osterdekoration.

Hefehasen und -lämmer
Hefeteig:
Grundrezept Seite 8

Hefehasen und -lämmer

Teig auswellen, große Hasen ausstechen, mit Eigelb/Milch bestreichen und mit Hagelzucker, Zucker/Zimtmischung oder Kokosraspel bestreuen.

Hefelämmer sehen mit Streusel besonders hübsch aus.

Gubor

Anisplätzchen

Achtung: *Teiglinge müssen vor dem Backen ca. 12 Std auf dem Blech trocknen*

Rührteig:

6 Eier
500 g Puderzucker
1 EL Aniskörnchen
500 bis 550 g Mehl
1 gestr. TL Backpulver

Anisplätzchen

Eier und Puderzucker sehr schaumig rühren, Anis zufügen, Mehl und Backpulver unterheben. Vorsicht mit dem Mehl, die Masse sollte dickflüssig sein!

Backbleche mit Butter einfetten und mit zwei Teelöffeln kleine Teighäufchen Ø ca. 2 cm aufsetzen. Sie sollten noch etwas auseinander laufen. Dann die Bleche mindestens 12 Stunden bei Zimmertemperatur zum Trocknen aufstellen.

Backen: *Vorgeheizt, O/U-Hitze 160°, ca. 20 - 25 min, mittlere Schiene*

Anisplätzchen sollten nach dem Backen in einer Stofftüte bei feuchtem Wetter auf dem Balkon durchziehen.

Baumkuchen-Würfel
Rührteig:

300 g weiche Butter
250 g Zucker
2 P. Vanille-Zucker
6 Eier
100 g Speisestärke
200 g Mehl
100 g gem. Mandeln ohne Schale
4 EL Mandellikör (Amaretto)
2 EL Kakao
1 EL Mandellikör

Glasur:

Kuvertüre oder Schokoladenguss
ca. 600 g Zartbitter oder Vollmilch
ca. 50 g weiße Schokolade

Baumkuchen-Würfel

Die weiche Butter schaumig rühren, Zucker zufügen, Eier nach und nach unterrühren, Mehl, Mandeln und 4 EL Likör darunter mischen und gut verrühren. Den Teig halbieren und unter die zweite Hälfte den Kakao und 1 EL Likör mischen.

Eine rechteckige Kuchenform, ca. 40 x 30 cm, mit Butter einfetten und nur den Boden exakt mit Backpapier auslegen.

Backen: *Vorgeheizt, O/U-Hitze 250°, je Schicht ca. 3 min, mittlere Schiene*

4 EL hellen Teig in die Form füllen, mit einem Teigschaber glatt streichen und kurz backen, bis der Teig eine schöne goldene Farbe hat. Das dauert jeweils nur ca. 3 - 4 min. Kurzzeituhr stellen, da beim dunklen Teig wenig Farbkontrolle bleibt. Die Kuchenschichten müssen so gebacken sein, dass die Oberfläche nicht mehr teigig ist und glänzt, sonst lässt sich die nächste Lage nicht ordentlich verstreichen. Abwechselnd mit dem hellen und dunklen Teig Schicht für Schicht auftragen und jeweils backen, bis die Teige verbraucht sind.

Den Baumkuchen auf einen Rost stürzen und auskühlen lassen. Mit einem scharfen Messer oder einem großen Pizzaroller die Teigplatte in 2,5 cm große Würfel schneiden.

Die dunkle Kuvertüre oder den Schokoguss in einer Schüssel über Wasserdampf auflösen und die Würfel mit einer Pralinengabel in die warme, flüssige Schokolade eintauchen, abstreifen und auf Pergamentpapier trocknen lassen. Nach Belieben weiße Kuvertüre fein über die Würfel spritzen.

Bärentatzen

Bärentatzen

Achtung: *Plätzchen abends zubereiten, da die Trockenzeit über Nacht eingehalten werden muss!*

Rührteig:

3 Eiweiß
200 g Zucker
100 g Zartbitterschokolade
250 g gem. Mandeln
1 gestr. TL Zimt
1 MS Nelken

Glasur:

200 g Schokoladenguss

Eiweiß zu sehr steifem Schnee schlagen, nach und nach 2/3 des Zuckers zufügen. Mandeln, fein geriebene Schokolade, Zimt und Nelken mit dem restlichen Zucker mischen und vorsichtig unter die Schneemasse heben. Teig mehrere Stunden kühl stellen.

Mit einem TL Teig abstechen, kleine Kugeln formen, in Zucker wälzen, kurz in die Bärentatzen-Holzform drücken und danach auf ein mit Backpapier ausgelegtes Backblech legen, über Nacht trocknen lassen.

Backen: *Vorgeheizt, O/U-Hitze 180°, ca. 15 min, mittlere Schiene*

Wenn die Plätzchen kalt sind, in erwärmte Schokoladen-Fettglasur tauchen und auf Pergamentpapier trocknen lassen.

Espresso-Sterne

Espresso-Sterne

Rührteig:

5 Eiweiß
300 g Zucker
3 EL Espresso-Instantpulver
450 g gem. Mandeln (evtl. 500 g)

Glasur:

1 Eiweiß
125 g Puderzucker
1 TL Kakaopulver
1 TL Kaffee- oder Mandellikör

Fünf Eiweiß mit Zucker und Espressopulver im Wasserbad (nicht kochen lassen) cremig schlagen. Mandeln vorsichtig mit einem Kochlöffel unterheben; der Teig sollte nicht zu weich sein, evtl. noch ca. 50 g Mandeln einarbeiten.

Teig in der Schüssel abgedeckt mehrere Stunden kalt stellen. Dann den gesiebten Puderzucker mit einem Eiweiß steif schlagen, 3 TL davon in eine Tasse füllen und mit dem Kakao und dem Likör mischen. Beide Zuckermassen mit feuchtem Tuch abdecken, so bleibt die Glasur geschmeidig. Auf die Arbeitsfläche Zucker streuen, den Teig ebenfalls mit Zucker bestreuen und ca. 7 mm dick ausrollen. Sollte der Teig sehr klebrig sein, evtl. zwischen Backpapier auswellen. Kein Mehl verwenden, nur Zucker oder Mandeln!

Kreise, Ø ca. 3 - 4 cm, ausstechen und auf ein mit Backpapier ausgelegtes Backblech legen. Weiße Puderzuckerglasur ordentlich mit einem kleinen Küchenmesser darauf rund verteilen, mit dem braunen Puderzucker einen Punkt in die Mitte, dann dünne Kreise spritzen und mit einem Holzstäbchen mehrmals vom Mittelpunkt nach außen ziehen.

Backen: *Vorgeheizt, O/U-Hitze 160°, ca. 15 min, mittlere Schiene*

Florentiner Plätzchen

Mürbeteig:

250 g Mehl
90 g Zucker
1 P. Vanille-Zucker
1 Eigelb
150 g Butter

Mandelbelag:

100 g Butter
60 g Zucker
1 TL Zimt
2 EL Honig
1/8 l süße Sahne
150 g gehobelte Mandeln
75 g gehackte Mandeln
40 g getrocknete Aprikosen

Garnitur:

ca. 4 EL Aprikosenmarmelade
ca. 50 g Zartbitterkuvertüre

Florentiner-Plätzchen

Alle Zutaten für den Mürbeteig auf eine Arbeitsfläche häufen, mit zwei Messern hacken, mit den Händen zusammenkneten und kalt stellen.

Die Mandeln im Backofen ca. 10 min bei 160° Heißluft rösten, dabei die Mandeln zwei mal wenden. Butter, Zucker, Honig und Zimt im Topf erhitzen bis alles leicht gebräunt ist, danach die Sahne zufügen und rühren, bis eine homogene Masse entsteht, dann die Mandeln und die in kleine Würfel geschnittenen Aprikosen zufügen und etwas abkühlen lassen.

Den Knetteig ausrollen, auf das gefettete Backblech legen, mit der Gabel mehrmals einstechen.

Backen: *Vorgeheizt, O/U-Hitze 200°, ca. 12 min, mittlere Schiene*

Auf die vorgebackene, heiße Teigplatte vorsichtig Aprikosenmarmelade pinseln und die Mandelmasse gleichmäßig darüber verteilen.

Backen: *nochmals ca. 15 min, bis die Florentinerplatte goldbraun karamelisiert aussieht.*

Auf dem Blech auskühlen lassen und dann mit einem sehr scharfen Messer oder einem Pizzaroller in Rechtecke, Dreiecke oder Rauten schneiden.

Kuvertüre erwärmen und mit einer Tortenspritze dünne Schokoladenfäden kreuz und quer über die Florentinerecken spritzen. Das ist schnell gemacht, sieht dekorativ aus und schmeckt lecker.

Buttergebäck

Mürbeteig:

250 g Butter
200 g Puderzucker
2 P. Vanille-Zucker
2 Eier
375 g Mehl
etwas abgeriebene Schale einer ungespritzten Zitrone

Zum Bestreichen:

1 Eigelb
1 EL Milch

Buttergebäck

Butter schaumig rühren, Puderzucker, Vanille-Zucker, Zitronenschale und Eier zufügen und nochmals kurz unterrühren, den Teig mit dem Mehl verkneten und gut 2 Stunden kalt stellen.

Teig portionsweise 5 mm dick auswellen und mit beliebigen Förmchen Plätzchen ausstechen, auf Bleche mit Backpapier legen und mit Eigelb/Milch bestreichen.

Backen: *Vorgeheizt, O/U-Hitze 200°, ca. 14 min, mittlere Schiene*

Die Plätzchen sollen beim Backen eine kräftig goldgelbe Farbe bekommen.

Heidi-Sand

Zunächst die Butter im Topf erhitzen und bräunen lassen, dann zum Abkühlen in eine Edelstahlschüssel füllen. Hat die Butter Zimmertemperatur, kräftig mit Zucker, Vanillemark (Schote aufschlitzen und Mark auskratzen) und Salz schaumig rühren. Die Hälfte des Mehls ebenfalls unterrühren, den Rest Mehl mit den Händen unterkneten. Den Teig 3 cm dick rechteckig mit einer Palette auf ein Schneidebrett ca. 14 x 22 cm streichen. Kanten und Ecken etwas andrücken.

Mit Folie abgedeckt mindestens 4 Std im Kühlschrank erstarren lassen und danach mit einem scharfen Messer 3 cm breite Streifen, dann ca. 1/2 cm dicke Scheiben schneiden. Diese Quadrate auf ein mit Backpapier belegtes Backblech nebeneinander im Abstand von ca. 2 cm anordnen.

Backen: *Vorgeheizt, O/U-Hitze 180°, ca. 15 min, mittlere Schiene*

Nach dem Backen auf dem Blech etwas abkühlen lassen, dann mit einer Palette vorsichtig auf einen Küchenrost setzen.

Heidi-Sand

Rührteig:

250 g Butter
200 g Zucker
1 Vanilleschote
1 Prise Salz
375 g Mehl

Hilda-Plätzchen

Butter schaumig rühren, Puderzucker, Vanillemark (Schote aufschlitzen, mit kleinen Messer Mark ausschaben) und Eier kurz mitrühren, Mehl unterkneten. Teig gut 2 Std kalt stellen.

Backbleche mit Backpapier auslegen. Teig portionsweise 3 mm dick auswellen, Plätzchen 4 cm Ø ausstechen, die Hälfte der Plätzchen nochmals mit einem kleinen Förmchen in der Mitte ausstechen.

Backen: *Vorgeheizt, O/U-Hitze 200°, ca. 10 min, mittlere Schiene*

Die kalten Plätzchen mit Marmelade bestreichen oder mit einer Tortenspritze je einen Klecks in der Mitte etwas verteilen, zusammensetzen und mit Puderzucker bestäuben.

Achtung: Wer anstatt Puderzucker „weißen Schnee" verwendet, muss die Plätzchen mit den Motiven vor dem Zusammensetzen pudern, da dieser Puderzucker sich nicht auf der Marmelade auflöst und so der erwünschte Farbkontrast nicht sichtbar wird. Plätzchen mehrere Stunden trocknen lassen.

Hilda-Plätzchen

Mürbeteig:

300 g Butter
200 g Puderzucker
1 Vanilleschote
2 Eier
600 g Mehl

Garnitur:

Johannis- oder Himbeergelee oder feine Marmelade ohne Körner
Puderzucker zum Bestäuben

Kokos-Makronen
Rührteig:
6 Eiweiß
250 g Puderzucker
mind. 250 g Kokosraspel
1 Vanille-Schote

evtl. nach Belieben Obladen

Kokos-Makronen

Eiweiß, Puderzucker und das ausgekratzte Mark der Vanilleschote in einer Schüssel über Wasserdampf sehr schaumig schlagen. Die Schüssel dann sofort vom Topf nehmen. Die Kokosraspel mit einem Kochlöffel vorsichtig unterziehen. Die Masse sollte nur so fest sein, dass sich Häufchen formen lassen.

Entweder mit Backpapier belegte Backbleche vorbereiten oder Obladen auf die Backbleche legen. Die Kokosmasse mit 2 Teelöffeln oder mit einem Spritzbeutel auf das Backpapier oder die Obladen setzen oder spritzen.

Backen: *Vorgeheizt, O/U-Hitze 160°, ca. 20 min, mittlere Schiene*

Kokos-Schnecken
Mürbeteig:
220 g Mehl
20 g Kakao
130 g Zucker
1 Ei
100 g Butter

Füllung:
100 g Philadelphia-Frischkäse
60 g Zucker
Mark einer Vanilleschote
60 g weiche Butter
130 g Kokosraspel

Kokos-Schnecken

Zutaten zu einem Mürbeteig verarbeiten, den Teig ca. 3 Stunden kalt stellen.

Alle Zutaten der Füllung gut verrühren, in eine Plastiktüte, mindestens 30x25 cm, füllen, dazwischen glatt rollen und auf einem Brett im Kühlschrank in der Tüte steif werden lassen.

Den Mürbeteig zu einem Rechteck (Größe wie Kokosmasse) ausrollen, die Tüte mit der Füllung aufschneiden (Schere), obere Folie abziehen und auf den dunklen Teig stürzen, die zweite Plastikfolie abziehen und vorsichtig von der längeren Seite her aufrollen, bis zur Mitte, dann Schnitt machen und die zweite Rolle genau so beginnen. Beide Rollen in eine Folie gewickelt mindestens 8 Stunden gut durchkühlen und danach mit einem sehr scharfen Messer, evtl. kurz in Wasser tauchen, in 5 mm dicke Scheiben schneiden, auf ein Blech mit Backpapier legen.

Achtung: Schnecken laufen beim Backen nicht davon, aber auseinander!

Backen: *Vorgeheizt, O/U-Hitze 180°, ca. 12 min, mittlere Schiene*

Mandel-Mützchen

Zutaten für den Mürbeteig auf die Arbeitsfläche häufen und mit 2 Messern hacken, dann zu einem glatten Teig kneten. Im Kühlschrank 1 Std ruhen lassen.

Backbleche mit Backpapier auslegen. Den Teig auf der bemehlten Arbeitsfläche dünn auswellen (max. 3 mm), mit Förmchen (ca. Ø 3 cm) ausstechen und auf die Bleche legen.

Backen: *Vorgeheizt, O/U-Hitze 190°, ca. 8 min, mittlere Schiene*

Wenn die Plätzchen ausgekühlt sind, die Füllung zubereiten. Die Sahne aufkochen und vom Herd nehmen, Mandellikör zufügen, gut verrühren und die Schokolade darin auflösen. Die geriebenen Mandeln zufügen und rühren, bis die Schokoladenmasse lauwarm ist.

Diese in einen Spritzbeutel füllen und jeweils einen Tupfer auf ein Plätzchen spritzen, mit einer ganzen Mandel garnieren. Die Plätzchen gut trocknen lassen.

Mandel-Mützchen

Mürbeteig:

250 g Mehl
80 g Zucker
125 g Butter

Füllung:

50 g Sahne
2 EL Mandellikör
100 g Vollmilch-Kuvertüre
50 g ohne Schale geriebene Mandeln
ca. 100 abgezogene ganze Mandeln

Nougat-Walnuss-Kugeln

Zutaten für den Mürbeteig auf die Arbeitsfläche häufen, mit zwei Messern hacken und mit den Händen zusammenkneten. Zwei 40 cm lange Rollen formen, in Folie wickeln und gut kühlen. Walnüsse mit dem Zucker karamelisieren, abkühlen lassen und fein hacken. Nougat im warmen Wasserbad auflösen, mit den Walnüssen mischen und kalt stellen. Teigrollen in 1 cm dicke Scheiben schneiden. Kleine Nougatstücke schneiden. Aus dem Teig Kugeln rollen, mit dem kleinen Finger eine Kuhle eindrücken, den Nougat mit dem Messer hineindrücken und mit einem kleinen Teigstückchen abdecken, so dass der Nougat im Teig eingewickelt bleibt. Nochmals zu gleichmäßigen Kugeln rollen, auf ein mit Backpapier ausgelegtes Backblech legen.

Backen: *Vorgeheizt, O/U-Hitze 160°, ca. 15 min, mittlere Schiene*

Die kalten Plätzchen mit einer Pralinengabel in Kuvertüre tauchen und auf Pergamentpapier trocknen lassen. Nach Belieben mit feinen Linien aus weißer Kuvertüre garnieren.

Nougat-Walnuss-Kugeln

Mürbeteig:

250 g weiche Butter
80 g Puderzucker
Mark einer Vanilleschote
1 TL Zimt
2 Eigelb
150 g Speisestärke
220 g Mehl

Füllung:

100 g Nussnougat
50 g feingehackte Walnüsse
1 EL Zucker

Garnitur:

200 g Zartbitter-Kuvertüre
ca. 50 g weiße Kuvertüre

Pistazien-Schoko-Ecken

Mürbeteig:

400 g Mehl
150 g Zucker
2 P. Vanille-Zucker
200 g Butter
1 Ei
1 Pr. Salz
50 g Zartbitterschokolade
50 g gehackte Pistazien

Garnitur:

150 g Schokoladen-Glasur

Pistazien-Schoko-Ecken

Mehl, Zucker, Vanille-Zucker, Butter, Ei und Salz auf der Arbeitsfläche hacken und zu einem glatten Teig zusammenkneten. Die Hälfte des Teiges mit den fein gehackten Pistazienkernen, die andere Hälfte mit der geschmolzenen Schokolade vermengen. Die Teige in Folie packen und mehrere Stunden im Kühlschrank ruhen lassen.

Beide Teige separat zu Rechtecken ausrollen, ca. 30 x 35 cm, dann den Schokoladenteig auf den Pistazienteig legen und leicht andrücken. Danach in 2 cm breite Streifen schneiden, jeweils 3 Streifen aufeinander legen mit dem Wellholz etwas andrücken. In Folie eingewickelt gut kühlen. Teigstreifen dann in ca. 6 mm dicke Scheibchen schneiden und auf mit Backpapier belegte Bleche legen.

Backen: *Vorgeheizt, O/U-Hitze 190°, ca. 12 min, mittlere Schiene*

Danach diagonal in Kuvertüre tauchen und auf Pergamentpapier trocknen lassen.

Sand-Streifen

Mürbeteig:

250 g Mehl
80 g Puderzucker
1 Vanilleschote
175 g Butter

Garnitur:

150 g Schokoladen-Glasur

Sand-Streifen

Für den Mürbeteig die Zutaten auf eine Arbeitsfläche häufen, mit zwei großen Messern hacken, mit den Händen zusammen kneten und ca. 2 Stunden kalt stellen.

Danach 1 cm dicke Rollen formen, diese 3 - 4 cm lang abschneiden, mit einer Gabel längs Rillen eindrücken und auf ein mit Backpapier belegtes Backblech legen. Dieser Butterteig ist sehr zart und verläuft beim Backen in die Breite, deshalb mindestens 2 cm Abstand lassen.

Backen: *Vorgeheizt, O/U-Hitze 190°, ca. 12 min, mittlere Schiene*

Gebäck abkühlen lassen. Schokoglasur schmelzen, Sandstreifen nach Belieben eintauchen und auf Pergamentpapier trocknen lassen.

Springerle

Die Eier mit dem Zucker sehr schaumig rühren, die Masse sollte von cremiger Konsistenz sein. Das Hirschhornsalz mit ein paar Tropfen Wasser auf einem Löffel auflösen und dem Eischaum zufügen, dann das Mehl unterrühren.

Die Kuchenbleche mit Butter bepinseln und mit Anis bestreuen (kein Backpapier verwenden).

Auf einer bemehlten Arbeitsfläche den Teig 1 cm dick ausrollen, den Springerlemodel mit Mehl auspinseln und in den Teig drücken, dann den Model entfernen. Mit einem Zackenrädchen die modellierten Springerle ausrollen und einzeln auf das Backblech legen. Die Teiglinge müssen 12 Std auf dem Blech bei Zimmertemperatur trocknen, erst dann backen.

Backen: *Vorgeheizt, O/U-Hitze 160°, ca. 25 min, mittlere Schiene*

Frisch gebacken sind Springerle recht hart, deshalb in einer sauberen Stofftüte bei feuchtem Wetter auf den Balkon oder die Terrasse hängen. Sind die Springerle weich, in eine Dose setzen. Sollten sie nach ein paar Tagen wieder hart werden, zwei halbierte Äpfel über Nacht in die Dose legen.

Springerle
Achtung:
Springerle-Teiglinge müssen auf dem Blech mindestens 12 Std trocknen

250 g Eier (mit Schale gewogen)
500 g Zucker
1 gestr. TL Hirschhornsalz
550 g Mehl

Anis-Körnchen für Backblech

Spritzgebäck

Die Butter gut schaumig rühren, Zucker einrieseln lassen, Eigelb nach und nach zufügen. Walnüsse kurz unterrühren, Mehl unterkneten. Backbleche mit Backpapier belegen. Diesen Teig nicht kühlstellen, sondern sofort in eine Gebäckspritze füllen und kleine Kringel, Ø ca. 3 - 4 cm, oder S-Formen, ca. 5 cm, spritzen.

Backen: *Vorgeheizt, O/U-Hitze 200°, ca. 15 min, mittlere Schiene*

Spritzgebäck
250 g Butter
200 g Zucker
5 Eigelb
200 g gem. Walnüsse
nach Belieben Saft oder Schale 1/2 ungespritzten Zitrone
300 g Mehl

Sterntaler
Rührteig:
300 g Butter
180 g Puderzucker
1 EL Rum
2 Eier
500 g Mehl

ca. 200 g Zartbitter-Kuvertüre
ca. 100 g Kokosraspel

Sterntaler

Butter schaumig rühren, Puderzucker, Rum und Eier zufügen und nochmals durchrühren; Mehl von Hand unterkneten.

Mit einer Gebäckspritze Sterne direkt auf das Backblech (ohne zu fetten, ohne Backpapier) spritzen.

Backen: *Vorgeheizt, O/U-Hitze 200°, ca. 15 min, mittlere Schiene*

Die kalten Sterne auf der Unterseite mit Kuvertüre bepinseln und in Kokosraspel drücken. Sterne trocknen lassen.

Walnuss-Ecken
Mürbeteig:
300 g Mehl
175 g Zucker
2 P. Vanillezucker
1 gestr. TL Zimt
1 Prise Salz
150 g gem. Walnüsse
200 g Butter

Garnitur:
200 g halbe Walnüsse
50 g dunkle Schokoladen-Glasur
Orangen- oder Aprikosen-Marmelade
150 g Zitronen- oder Vanille-Glasur

Walnuss-Ecken

Alle Zutaten für den Mürbeteig auf eine Arbeitsplatte mit zwei Messern hacken, mit den Händen zusammenkneten und ca. 2 Std kalt stellen.

Teig ca. 4 mm dünn ausrollen und quadratische Plätzchen, 3 x 3 cm, ausstechen.

Backbleche mit Backpapier belegen und die Teiglinge in Abständen von ca. 1 1/2 cm anordnen.

Backen: *Vorgeheizt, O/U-Hitze 200°, ca. 10 min, mittlere Schiene*

Die halben Walnüsse zur Hälfte in die erwärmte, flüssige Schokoladen-Fettglasur tauchen und auf Alufolie trocknen lassen.

Die Hälfte der abgekühlten Plätzchen mit der schönen Seite nach unten nebeneinander auf eine Arbeitsplatte legen und jeweils in die Mitte einen Tupfer Marmelade setzen, das geht mit einem Spritzbeutel mit runder Tülle ganz einfach. Sollte die Marmelade grobe Früchte enthalten, muss sie durch ein Sieb gestrichen oder gemixt werden. Dann die restlichen Ecken, diesmal die schöne Seite nach oben, auf die Marmeladenplätzchen setzen und leicht andrücken. Die Zitronen- oder Vanillefettglasur nach Vorschrift erwärmen und die Plätzchen auf der oberen Seite mit einem Pinsel oder mit einem kleinen Haushaltsmesser bestreichen. Solange die Glasur noch feucht ist, die in Schokolade getauchten Walnüsse in die Mitte der Plätzchen legen.

Vanille-Hörnchen

Alle Zutaten für den Mürbeteig auf einer Arbeitsplatte mit zwei Messern hacken, mit den Händen zusammenkneten und ca. 2 Std kalt stellen.

Backbleche mit Backpapier belegen. Aus dem Teig Rollen formen, Ø ca. 2 cm, dann 2 cm Stücke schneiden und diese zu Hörnchen rollen. Diese Hörnchen auf ein Backblech legen, dabei etwas Abstand halten, da sie sich beim Backen etwas ausdehnen (max. 50 Stück auf ein Blech).

Backen: *Vorgeheizt, O/U-Hitze 190°, ca. 15 min, mittlere Schiene*

Hörnchen sofort nach dem Backen mit dem Puder- und Vanille-Zucker-Gemisch bestäuben, das geht bestens mit einem Mehlsieb oder mit einem feinmaschigen Küchensieb. Die Vanillehörnchen auf dem Blech abkühlen lassen, dann vorsichtig mit einer Palette auf ein Kuchengitter legen. Der restliche Puderzucker lässt sich mit dem Backpapier leicht ins Sieb zurück schütten.

Vanille-Hörnchen

Mürbeteig:

450 g Mehl
100 g Zucker
200 g gem. Haselnüsse
350 g Butter

Garnitur:

125 g Puderzucker
2 P. Vanille-Zucker

Zimtsterne

– Kriegsrezept meiner Oma Agnes

Eier und Zucker sehr schaumig rühren, Zimt und Nelken zufügen, Hirschhornsalz mit ein paar Tropfen Wasser auf dem Löffel auflösen und ebenfalls in den Teig rühren. Nüsse zufügen und Mehl unterkneten. Sollte der Teig zu weich sein, evtl. kalt stellen oder noch etwas Mehl zufügen.

Teig 1 cm dick ausrollen, Sterne ca. 3 - 4 cm Ø ausstechen, auf gebutterte Backbleche legen und mindestens 12 Std bei Zimmertemperatur trocknen lassen.

Backen: *Vorgeheizt, O/U-Hitze 160°, ca. 20 min, mittlere Schiene*

Puderzucker mit heißem Zitronensaft gut verrühren und auf die Sterne pinseln. Gut trocknen lassen. Die Zimtsterne sollen weich und feucht gegessen werden. Frisch nach dem Backen sind sie jedoch sehr hart. Deshalb bei feuchtem Wetter auf die Terrasse oder den Balkon in einer sauberen Stofftüte 1 - 2 Tage durchziehen lassen. Dann in eine dicht schließende Dose setzen.

Zimtsterne

Achtung:

Zimtstern-Teiglinge müssen vor dem Backen ca. 12 Std auf dem Blech trocknen

4 Eier
400 g Zucker
2 EL Zimt
1 MS Nelken
1 gestr. TL Hirschhornsalz
250 g gem. Haselnüsse
375 g Mehl

Garnitur:

250 g Puderzucker
Saft 1/2 Zitrone oder Wasser

Mandelbiskuit:

10 Eier
1 Pr. Salz
6 EL lauwarmes Wasser
230 g Zucker
2 P. Vanillezucker
330 g gem. Mandeln
100 g Mehl
10 g Vanille-Puddingpulver
1 gestr. TL Backpulver

Trüffelcreme:

400 ml Sahne
2 P. Vanillezucker
200 g Zartbitter-Kuvertüre
evtl. Sauerkirschen oder Mandarinenschnitze

Garnitur:

1 Glas Aprikosen- oder Orangenmarmelade
ca. 700 g Zucker-Dekormasse
oder Marzipan
(von Hobbybäcker)
ca. 250 g Puderzucker

Dekoration:

nach Belieben, Herzen, Sterne etc.

Alternative Füllung

Buttercreme:
1000 ml Milch
160 g Zucker
2 P. Vanille-Puddingpulver (Dr. Oetker, Gala)
400 g Butter
100 g Puderzucker

Buchtorte

– für besondere Festtage

Trüffelcreme und Biskuit schon einen Tag vor dem Garnieren zubereiten!

Für die Trüffelcreme die Sahne mit Vanillezucker kurz aufkochen lassen, Topf von der heißen Platte nehmen. Die in kleine Stücke gebrochene Schokolade (oder Schokoladenchipse) auf einmal in die Sahne schütten, ca. 1 min stehen lassen, dann mit dem Schneebesen darin auflösen. Diese Masse abkühlen lassen und über Nacht (mindestens 12 Std.) in den Kühlschrank stellen.

Die Buchform einfetten.

Für den Mandelbiskuit die Eier trennen, Eiweiß mit Salz zu sehr steifem Schnee schlagen. Eigelb mit Zukker, Vanille-Zucker und Wasser schaumig rühren. Zuerst Mandeln, Mehl, Backpulver und Puddingpulver gemischt mit dem Schneebesen unterziehen, danach den Eischnee ebenfalls locker unterheben. Teig sofort in die Form einfüllen und glatt streichen.

Backen: *Vorgeheizt, O/U-Hitze 180°, ca. 45 min, untere Schiene*

Biskuit ca. 5 min abkühlen lassen, danach auf ein Kuchengitter stürzen zum Auskühlen.

Die Trüffelcreme mit dem Rührgerät aufschlagen, bis sie eine sahnig-cremige Konsistenz hat.

Den Mandelbiskuit einmal durchschneiden, mit der Trüffelcreme und evtl. Obst füllen, Deckel darauf legen und andrücken.

Die Torte mit heißer Aprikosen- oder Orangenmarmelade ringsum einpinseln.

Die weiße Dekormasse mit Puderzucker dünn ausrollen, nochmals mit Puderzucker bestreuen und über das Nudelholz legen. Platte vorsichtig auf die Torte legen und andrücken. Ränder exakt mit einem kleinen scharfen Messer abschneiden.

Nun kann nach Belieben dekoriert werden. Puderzuckerguss zum Ankleben verwenden.

Anstatt mit Trüffelmasse, Zuckerdekor oder Marzipan kann die Buchtorte auch mit Vanille-Buttercreme gefüllt und garniert werden.

Buttercreme-Füllung:

Für den Vanillepudding ca. ¾ der Milch aufkochen, restliche Milch mit Zucker und Puddingpulver gut verrühren und in die Milch gießen. Sofort mit dem Schneebesen gut mischen und drei Mal aufkochen lassen.

Die Butter bei Raumtemperatur liegen lassen. Pudding während des Abkühlens immer wieder umrühren.

Wenn Butter und Pudding gleiche Temperatur haben, die Butter sehr schaumig schlagen, Puderzucker unterrühren und löffelweise den Pudding zufügen. Immer gut rühren, damit nichts gerinnt.

1/3 der Creme sofort in den aufgeschnittenen Kuchen füllen und mit dem Rest das Buch bestreichen und garnieren.

Zur hl. Kommunion
ESTHER

Zur Taufe
Paul
Louis

Florentiner Apfel-Torte

– nussig – sahnig – fruchtig – lecker

Mürbeteig:
200 g Mehl
1 gestr. TL Backpulver
80 g Zucker
1 Ei
80 g Butter

Florentinermasse:
100 ml Sahne
60 g Zucker
2 EL Honig
1 Msp. Zimt
1 gestr. TL Mehl
150 g Mandelblättchen – oder gehackte Mandeln

Apfelfüllung:
1250 g Äpfel, z.B.Braeburn
250 ml Apfelsaft
1 P. Vanille-Puddingpulver
1 EL Zucker
4 Blatt Gelatine

Eierlikör-Puddingfüllung:
400 ml Milch
1 EL Zucker
1 P. Vanille-Puddingpulver
100 g Eierlikör
4 Blatt Gelatine
400 ml Sahne

Zutaten für den Mürbeteig auf der Arbeitsfläche hacken und mit den Händen zusammen kneten. Ca. 1/3 des Teiges auf einem Backpapier sehr dünn auswellen, auf ein Backblech legen, mehrmals mit einer Gabel einstechen. Einen Edelstahltortenring, Ø 25 cm, am Rand einfetten und auf den Teig drücken. Teigstücke außerhalb des Rings entfernen und mit dem Restteig verkneten. Diesen auf Backpapier zu einer Platte von 27 cm Ø auswellen und ebenfalls einen gefetteten Edelstahlring darauf drücken. Diesen Boden mit der Gabel mehrmals einstechen und zuerst backen.

Backen: *Vorgeheizt, O/U-Hitze 200°, ca. 15 min, mittlere Schiene*

Für den dünnen Boden in der Zwischenzeit die Florentinermasse zubereiten: Sahne aufkochen und vom Herd nehmen. Zucker, Honig, Zimt und Mehl zufügen und gut verrühren. Mandeln untermischen und auf den dünnen Mürbeteig gleichmäßig verteilen.

Backen: *wie oben, 15 min – aber vorsichtig: Kontrolle!!*

Goldgelb backen, nicht zu dunkel werden lassen! Wird bei zu langem Backen wie bei Karamell sehr schnell bitter!!

Den Florentinerboden noch warm (nicht heiß) in 16 Stücke schneiden.

Äpfel schälen, entkernen und in kleine Stücke schneiden, es sollte ca. 1000 g fertige Äpfel ergeben. 4 Blatt Gelatine in kaltem Wasser einweichen. Die Äpfel mit 200 ml Apfelsaft und 1 EL Zucker ca. 5 min dünsten. Das Puddingpulver mit 1 EL Zucker und restlichem Apfelsaft verrühren und den Äpfeln zufügen. Kurz aufkochen lassen. Die Gelatine ausdrücken und in die noch heiße (nicht kochende) Apfelmasse rühren. Abkühlen lassen.

Den Tortenboden auf eine Platte legen, den gesäuberten Tortenring anpassen, dünn mit Öl bestreichen und mit Puderzucker bestäuben. Ring um den Tortenboden stellen. Abgekühlte Apfelmasse auf den Boden streichen.

4 Blatt Gelatine in kaltem Wasser einweichen. Milch für Vanillepudding aufkochen, Puddingpulver mit Zucker und Eierlikör mischen und in die Milch rühren. Aufkochen lassen. In dem noch heißen, aber nicht kochenden Pudding die ausgedrückte Gelatine auflösen. Pudding abkühlen lassen. Sahne steif schlagen und unter den Pudding ziehen und auf die Apfelmasse streichen. Florentinerstückchen auflegen, evtl. die Stücke etwas nachschneiden.

Torte ca. 3 Std. erstarren lassen und gut gekühlt servieren.

Tipp: Diese Torte kann auch ganz schnell ohne Florentinerstückchen hergestellt werden. Dann einfach über die Puddingsahne 150 ml Eierlikör (mit 1 Blatt aufgelöster Gelatine verrührt), streichen und erstarren lassen. Evtl. mit Schokoblättern und Sahnetupfern garnieren.

Himbeer-Heidelbeer-Torte

– fruchtiger Sommertraum

Mürbeteig:
120 g Mehl
50 g Zucker
1 Eigelb
80 g Butter

Schoko-Biskuit:
4 Eier
160 g Zucker
120 g Mehl
1 P. Schoko-Puddingpulver
1 geh. TL Backpulver

Füllung:
3 EL Himbeermarmelade, evtl. mit Himbeergeist verfeinert
ca. 400 g Himbeeren
1 – 2 EL Zucker
250 g Heidelbeeren
12 Blatt Gelatine
200 g Frischkäse (Philadelphia)
500 g Vanille-Joghurt
1 EL Zucker
800 ml Sahne
2 P. Sahnesteif
2 P. Vanillezucker

Garnitur:
Früchte und/oder Schokoladenblätter

Der Tortenboden sollte am Vortag gebacken werden, dann lässt er sich leichter schneiden.

Auf ein Backblech Backpapier legen, Edelstahlring, Ø 26 cm, nicht gefettet darauf stellen. Oder Tortenform nur am Boden einfetten.

Für den Mürbeteig alle Zutaten auf die Arbeitsplatte häufen, mit zwei Messern hacken und mit den Händen zusammen kneten. Teig auf Backpapier ausrollen und mit dem Ring ausstechen, evtl. Reste an der Bodenplatte flach andrücken. Teig mehrmals mit Gabel einstechen.

Vorbacken: *Vorgeheizt, O/U-Hitze 200°, ca. 6 min, mittlere Schiene*

Für den Biskuit die Eier mit dem Zucker sehr schaumig aufschlagen. Mehl, Pudding- und Backpulver gemischt locker mit einem Schneebesen unterziehen. Sofort auf den vorgebackenen Boden streichen.

Backen: *gleiche Einstellung, noch ca. 25 min, mittlere Schiene*

Den Kuchen am Rand mit einem spitzen Küchenmesser lösen und stürzen, Backpapier abziehen und auf einem Kuchengitter (Mürbeteig unten) abkühlen lassen. Den kalten Kuchen in Folie packen.

Den Biskuit am nächsten Tag einmal durchschneiden, Boden mit dem Mürbeteig auf eine Tortenplatte legen und mit Marmelade bestreichen. Beim oberen Boden die „Backhaut" vorsichtig abschneiden.

Edelstahlring dünn mit Öl einreiben und mit Puderzucker bestäuben und bereit legen.

Himbeeren kurz in einem Sieb abbrausen und auf Küchenpapier etwas abtrocknen lassen.

16 schöne Himbeeren ganz lassen zum Garnieren, Rest durch ein Passiersieb streichen und mit Zucker abschmecken.

Heidelbeeren waschen.

Gelatine in kaltem Wasser einweichen.

Die Sahne anschlagen, mit Sahnesteif und Vanillezucker steif schlagen.

Philadelphia und Vanille-Joghurt mit Zucker glatt rühren.

Gelatine ausdrücken und auflösen (Micro 600W 45 sec.). Zwei EL aufgelöste Gelatine in das Himbeermark gießen und vermischen. Restliche Gelatine in dünnem Strahl in die Joghurtmasse laufen lassen und verrühren.

Sahne teilen: ca. ein Viertel in den Spritzbeutel mit Zackentülle füllen zur Garnitur.

Restliche Sahne unter die Joghurtmasse ziehen.

Ca. ein Drittel der Masse mit den Heidelbeeren mischen.

Die Heidelbeermasse kuppelförmig auf den Tortenboden streichen, 2 cm am Rand frei lassen.

Restliche Joghurtmasse mit dem Himbeermark kurz mischen.

Den oberen Tortenboden auf die Heidelbeerkuppel legen und etwas andrücken, so dass der Rand mit dem unteren Tortenboden abschließt.

Nun den Edelstahlring um den Kuchen stellen.

Die Himbeermasse über die Kuppel bis zum Rand streichen.

Torte ca. 3 Std. kühlen. Mit Sahnetupfer und Früchten garnieren

Tortenring vorsichtig nach oben abziehen und die Torte servieren.

Wichtig: Bitte keine aufgetauten Früchte für den Kuppelinhalt verwenden, da diese zu wässrig sind und dadurch die „Kuppel“ nicht stabil genug wird.

Tipp: Es müssen nicht immer Himbeeren sein! Auch Erdbeeren und Trauben, Mandarinen und Johannisbeeren lassen sich gut kombinieren.

Mürbeteig:

120 g Mehl
50 g Zucker
1 Eigelb
80 g Butter

Biskuit:

2 Eier
80 g Zucker
1 TL Zimt
40 g Mehl
40 g Vanille-Puddingpulver
1 Msp. Backpulver

Zum Bestreichen

5 EL Pflaumenmarmelade
2 – 3 EL Zwetschgenwasser

Pflaumensahne:

1 kg Pflaumen
Saft einer Zitrone
250 ml Wasser
75 g Zucker
2 Zimtstangen
Evtl. 1 Sternanis
9 Blatt Gelatine
175 g Philadelphia-Frischkäse
750 g Sahne
3 P. Sahnesteif
2 P. Vanillezucker

Fruchtspiegel:

3 Blatt Gelatine
200 ml Pflaumensaft
1 EL Zucker

Dekoration:

2 – 3 schöne Pflaumen oder Dekoschokolade

Pflaumen-Sahnetorte

– eine glanzvolle Versuchung

Für den Mürbeteig die Zutaten auf der Arbeitsfläche häufen, hacken und mit den Händen zusammen kneten.

Teig auf Backpapier auswellen, Edelstahltortenring Ø 26 cm (nicht gefettet) daraufstellen, die Teigreste außerhalb der Form entfernen. Teigplatte mehrmals mit einer Gabel einstechen.

Vorbacken: *Vorgeheizt, O/U-Hitze 200°, 5 min, mittlere Schiene*

Für den Biskuit Eier und Zuckerzimtmischung schaumig aufschlagen, Mehl-Vanillepuddingmischung und Backpulver mit dem Schneebesen unterziehen. Auf den vorgebackenen Boden streichen.

Backen: *gleiche Einstellung, noch 14 min*

Den Tortenboden mit einem Messer vom Rand lösen, den Ring entfernen und auskühlen lassen. Pflaumenmarmelade (evtl. mit Zwetschgenschnaps verfeinert) auf den Boden streichen.

Die Pflaumen waschen und entkernen. Mit Zitronensaft, Zucker, Wasser, Sternanis und Zimtstangen ca. 10 min dünsten. Von dem heißen Kompott 200 ml Saft durch ein feines Sieb gießen und mit 1 EL Zucker mischen (für den Fruchtspiegel bereithalten).

Zimtstangen und Anisstern entfernen, dann Pflaumen mit einem Mixstab pürieren. 9 Blatt Gelatine in kaltem Wasser einweichen, nach ca. 5 min ausdrükken und in die noch heiße Zwetschenmasse rühren, dann erkalten lassen.

Den Tortenring säubern, um den Tortenboden anpassen. Nochmal abnehmen, dünn mit Öl bestreichen, mit Puderzucker bestäuben und wieder um den Tortenboden stellen (dann lässt sich der Ring später leichter abziehen).

Für die Pflaumensahne Philadelphia verrühren, nach und nach mit Pflaumenpüree mischen. Sahne anschlagen, Sahnesteif und Vanillezucker zufügen und auf höchster Stufe steif schlagen. Ca. ¼ der Sahne in einen Spritzbeutel füllen und im Kühlschrank kalt stellen (für Garnitur). Restliche Sahne unter die Pflaumenmasse mit einem Schneebesen ziehen und auf den Tortenboden füllen.

Torte mindestens 2 Std. im Kühlschrank erstarren lassen. Danach 3 Blatt Gelatine ca. 10 min einweichen. Gelatine ausdrücken und in der Micro auflösen (600 W 15 sec) oder im Topf erwärmen. Mit dem Pflaumensaft mischen und vorsichtig über die Torte als Fruchtspiegel verteilen. Nochmals ½ Std. erstarren lassen. Danach Sahne dekorativ auf die Torte spritzen. Pflaumen in Achtel schneiden, zweimal seitlich so einschneiden, dass der Schnitz geschoben werden kann. Evtl. den kleinen Schnitz nochmals einschneiden. Die Pflaumen mit Zitronensaft beträufeln, damit sie schön gelb bleiben und dekorativ auf die Sahne setzen.

Tipp: Im Winter zwei große Gläser Pflaumen über ein Sieb schütten, 200 ml Saft für Spiegel abseihen und zukkern. Pflaumen mit Saft mixen und mit Zucker/Zimt nach Belieben süßen. Gelatine aufgelöst zufügen, dann entsprechend weiter verarbeiten mit Philadelphia und Sahne.

Biskuit:
5 Eier
200 g Zucker
125 g Mehl
2 P. Vanille-Puddingpulver
2 gestr. TL Backpulver

Trüffelcreme:
500 ml Sahne
2 P. Vanillezucker
evtl. 1 Msp. Zimt
250 g Zartbitter-Kuvertüre

Krokant:
200 g gehackte Mandeln
oder Walnüsse
1 gestr. EL Puderzucker

Garnitur:
Von Choc-o-Rolles
ca. 150 g Nougatschokolade
oder
weiß/dunkel marmorierte
Schokolade

Trüffel-Herz

– ein Herz für alle Fälle

Bitte beachten: Herz einen Tag vor dem Fertigstellen backen, dann lässt es sich leichter schneiden, Trüffelmasse ebenfalls einen Tag zuvor aufkochen.

Herzform ca. 26 cm Ø ungefettet auf ein mit Backpapier belegtes Backblech stellen. Bei nicht ganz glatten Blechen evtl. beschichtete Alu-Backfolie verwenden und außen an dem Herz andrücken, damit der Teig beim Erhitzen nicht ausläuft.

Für den Biskuit die Eier mit dem Zucker sehr schaumig schlagen. Mehl, Vanille-Pudding- und Backpulver gesiebt und gemischt unter die Eiercreme mit dem Schneebesen locker unterziehen. Sofort in die Form füllen.

Backen: *Vorgeheizt, O/U-Hitze 190°, ca. 35 min, mittlere Schiene*

Kuchen in der Form abkühlen lassen, dann vorsichtig mit einem Messer am Rand entlang lösen. Herz in Alufolie verpackt über Nacht ruhen lassen.

Für die Trüffelcreme die Sahne mit Vanillezucker und evtl. Zimt aufkochen, Schokolade zufügen ca. 1 min ruhen lassen, dann zu einer homogenen Masse verrühren. Auf Zimmertemperatur abkühlen lassen, dann über Nacht in den Kühlschrank stellen.

Am nächsten Tag die Mandeln in einer Pfanne erwärmen, Puderzucker darüber stäuben und leicht rösten. Sofort die Mandeln auf einen Teller schütten, sie bräunen in der Pfanne schnell nach.

Biskuit vier Mal durchschneiden. Die Trüffelmasse aufschlagen (vorsichtig –nicht zu lange) und auf die Böden verteilen, mit dem Rest die Torte ringsum bestreichen.

Die kalten Mandeln an den Rand drücken. Schokospäne von der Choc-o-Rolles abdrehen und mit einem Küchenmesser ordentlich auf das Herz legen.

Tipp 1: Die Trüffelsahne kann mit einem Teil Likör oder Cognac verfeinert werden. (ca. 50 ml Sahne durch Alkohol ersetzen).

Tipp 2: Wer das Trüffelherz nicht ganz so schokoladig möchte, kann nur die Hälfte der Trüffelsahne zubereiten und mit Sahne ergänzen:

500 ml Sahne, 2 P. Sahnesteif und 2 P. Vanillezucker steif schlagen und abwechselnd die Sahne und Trüffel auf die Böden streichen. Hier könnte man auch noch etwas Obst in die Sahne einarbeiten (frische Erdbeeren etc.). Evtl. noch mit Sahnetupfer garnieren.

Hochzeitstorten:

Vier Herzen backen und als „Glücks-Kleeblatt“ gemischt mit Obst und Schokolade servieren.

Trüffel-Minis

– kleines leckeres Backwerk

Mürbeteig:
270 g Mehl
100 g Puderzucker
2 P. Vanillezucker
200 g Butter

für dunklen Mürbeteig:
240 g Mehl + 30 g Kakao verwenden

Trüffel-Grundfüllung:
(für Zartbitter oder Vollmilch)
400 ml Sahne
200 g Kuvertüre
oder

Weiße Trüffel-Grundfüllung:
350 g Sahne
200 g weiße Kuvertüre

Weitere Zutaten:
Sauerkirschen, Kirschwasser, Kirschmarmelade
Nüsse: Macadamias, Walnüsse, Mandeln etc.
Ananas, Kumquats, Physalis
Sultaninen und Rum
Himbeeren, Erdbeeren, Johannisbeeren, Trauben, Heidelbeeren
Dekorschokolade

Der Mürbeteig mit 270 g Mehl ergibt ca. 50 Törtchen und reicht für eine Trüffel-Grundfüllung.

Für den Mürbeteig Mehl, Puderzucker, Vanillezucker und kalte Butter auf die Arbeitsfläche häufen und hacken. Mit den Händen zusammen kneten. Kleine Förmchen oder ein Mini-Muffinblech (24 Stück, Ø oben 4,5 cm) leicht mit Butter bepinseln, Teig dünn (max. 2 mm) ausrollen und Kreise, Sterne oder Blumen (Ø ca. 6 cm) ausstechen und vorsichtig in die Form drücken. Teig am Boden mit einer Gabel einstechen.

Backen: *Vorgeheizt, O/U-Hitze 190°, ca. 12 min oder Heißluft 170°, ca. 15 min*

Für die Trüffel-Grundfüllung Sahne aufkochen, Topf vom Herd nehmen, Kuvertüre (klein gehackt oder als Chipse) zufügen, 1 min ruhen lassen, dann gut verrühren. Nach dem Erkalten in den Kühlschrank stellen (nicht lauwarm – sonst bildet sich Kondenswasser). Zum Füllen der Minis die Trüffelmasse kurz mit dem Handrührgerät aufschlagen.

Tipp: Die Mürbeteigschalen können nach dem Backen eingefroren werden (nicht länger als 8 Wochen). Vor dem Verzehr nochmals kurz aufbacken. So schmeckt das Gebäck sehr knusprig und frisch! Möglichst erst am Tag des Verzehrs mit Trüffel und Obst füllen – so hat man ein „Spitzen-Produkt"!

Schwarzwälder Art:

Etwas Kirschmarmelade (angereichert mit Kirschwasser) in die Mürbeteigschalen füllen, Trüffelcreme (dunkel oder hell) mit Sterntülle darauf spritzen. Mit Sauerkirschen und Schokolade dekorieren.

Nuss-Variante:

50 g Nüsse hacken, mit 1 EL Zucker karamellisieren, erkalten lassen und nochmals hacken. Mit Trüffelcreme (dunkel oder hell) mischen und mit Lochtülle in die Mürbeteigschalen spritzen. Eine ganze Nuss aufsetzen, evtl. mit Kuvertüre garnieren.

Kuba-Variante:

Sultaninen in Rum eingelegt. Etwas weiße Trüffelmasse (Sterntülle) in die Mürbeteigschalen füllen, 6 - 8 Sultaninen eindrücken, mit Trüffelcreme einen Tupfer draufsetzen. Mit Sultaninen oder Schokolade garnieren.

Exotische Frucht-Variante:

Weiße Trüffelmasse in das Gebäck spritzen, mit Ananas, Kumquats, Physalis o.ä. dekorieren. Evtl. für die Trüffelmasse ¼ der Sahne mit Batida de Coco ersetzen.

Saison-Frucht-Variante:

Das Gebäck mit weißer Trüffelmasse füllen, mit heimischen Saisonfrüchten (Erdbeeren, Himbeeren, etc.) garnieren.

Wenn's mal schnell gehen muss:
Die Törtchen können auch mit Sahne und Obst gefüllt werden.

Mürbeteig:
120 g Mehl
50 g Zucker
1 Eigelb
80 g Butter

Dunkler Biskuit:
4 Eier
160 g Zucker
1 P. Vanille-Zucker
140 g Mehl
1 P. Schoko-Puddingpulver
1 geh. TL Backpulver

Biskuitplatte:
4 Eier
4 EL Wasser
160 g Zucker
1 P. Vanille-Zucker
140 g Mehl
60 g Speisestärke
2 gestr. TL Backpulver

Zum Karamellisieren:
200 g Walnüsse
2 EL Zucker

Füllung:
300 g Nuss-Nougat-Creme
z.B. Nutella
6 – 8 EL Kaffeelikör,
Cointreau oder Weinbrand
1000 ml Sahne
4 P. Sahnesteif
1 EL Zucker
1 Dose Mandarinenschnitze

Dekoration:
Schokoherzen, Sterne
oder Kinderdekor

Wickeltorte

– die Festtagstorte, die es in sich hat

Für den Mürbeteig alle Zutaten auf die Arbeitsfläche häufen und mit zwei Messern hacken, mit den Händen zusammen kneten.

Tortenform, Ø 28 cm, nur am Boden einfetten, Mürbeteig auswellen und flach in die Form legen (oder auf Backblech mit Backpapier und Edelstahlring). Teig mehrmals mit der Gabel einstechen.

Backen: *Vorgeheizt, O/U-Hitze 190°, 12 min, mittlere Schiene*

Während der Backzeit des Mürbeteigbodens den dunklen Biskuit rühren: Eier, Zucker und Vanille-Zucker sehr schaumig schlagen, Mehl, Pudding- und Backpulver mischen und locker unter die Eiermasse ziehen. Teig auf den vorgebackenen Boden streichen.

Backen: *gleiche Einstellung, ca. 25 min*

Für die Biskuitplatte Backblech, ca. 30 x 40 cm, mit Backpapier belegen. Eier, Wasser, Zucker und Vanille-Zucker sehr schaumig rühren, Mehlgemisch unterziehen. Biskuitteig auf das Backblech streichen.

Backen: *Vorgeheizt, O/U-Hitze 190°, ca. 20 min, mittlere Schiene*

Die Teigplatte sofort nach dem Backen auf ein mit Zucker bestreutes Geschirrtuch stürzen, Papier abziehen und abkühlen lassen.

Zum Karamellisieren die Walnüsse hacken, Zucker in einer Pfanne schmelzen, bis er goldgelb ist, Nüsse zufügen, kurz durchrühren und auf einen Teller oder ein Silikonbrett stürzen. Masse ist klebrig und Zucker sehr heiß! Bitte achtsam sein. Nach dem Erkalten die Walnüsse nochmals fein zu Krokant hacken.

Torte einmal mit einem scharfen Messer durchschneiden, den Boden auf eine Tortenplatte, den Deckel mit der geschnittenen Seite nach oben auf einen Kuchenretter legen.

Nutella mit Likör* verrühren und beide Tortenböden und die Teigplatte damit bestreichen. Sahne mit Sahnesteif und Vanille-Zucker sehr steif schlagen, ca. 1/6 der Sahne für die Tortengarnitur in einen Spritzbeutel füllen. Von der restlichen Sahne 2/3 mit der Hälfte des Walnusskrokants mischen und die Sahne auf die Teigplatte, den unteren und oberen Boden streichen. Danach die Teigplatte in 3 cm breite Streifen schneiden. Den ersten Streifen ohne Mandarinenschnitze wie eine Schnecke rollen und auf die Mitte des Tortenbodens stellen. Die restlichen Streifen mit Mandarinenschnitzen immer weiter um diese Schnecke wickeln, bis der Ø der Torte erreicht ist. Den Deckel vorsichtig auf die Schnecke stürzen und etwas andrücken. Mit der Sahne die Torte ringsum bestreichen, mit 16 Sahnetuffs garnieren und mit Schokodekor belegen. Mit einem Hauch von Kakao bestäuben. Restliches Walnusskrokant an den Rand drücken.

Tipp: *Likör lässt sich auch durch Kondensmilch ersetzen, wenn die Torte für Kinder serviert wird!

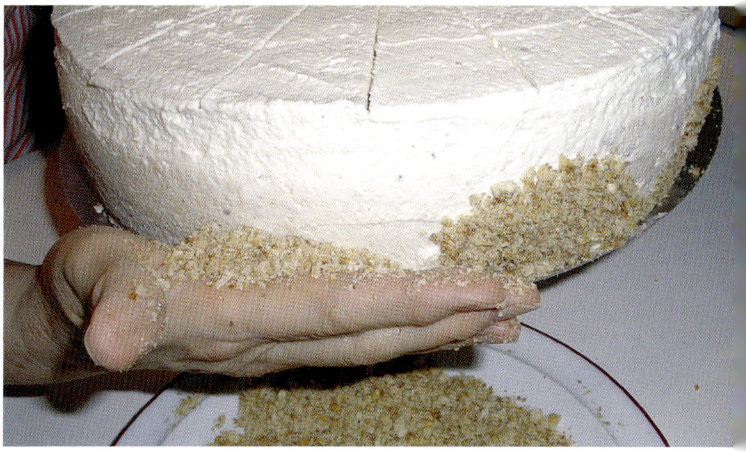

Zitronen-Schoko-Torte – erlesene Kreation

Trüffel-Creme:
200 g Zartbitter-Kuvertüre
300 ml Sahne

Biskuit:
6 Eiweiß
1 Pr. Salz
60 g Zucker
150 g gem. Mandeln ohne Haut
70 g Zucker
20 g Vanille-Puddingpulver
–
ca. 200 g Himbeeren
6 EL Himbeermarmelade ohne Kerne

Zitronencreme:
4 Bio-Zitronen
125 g Zucker
80 g Butter
2 Eigelb
2 Eier
6 Blatt Gelatine
200 g Sahne

Garnitur:
20 g Zartbitter-Kuvertüre
1 Msp. Butter

Für die Trüffel-Creme die Sahne aufkochen und über die klein gehackte Kuvertüre gießen, 1 min ruhen lassen, dann mit einem Schneebesen rühren, bis die Schokolade ganz aufgelöst ist.

Masse abkühlen lassen und dann mehrere Stunden in den Kühlschrank stellen.

Für den Biskuit das Eiweiß mit Salz zu sehr steifem Schnee schlagen, 60 g Zucker einrieseln lassen. Mandeln, Zucker und Puddingpulver gemischt unter den Eischnee ziehen.

Zwei Backbleche mit Backpapier belegen und Edelstahltortenringe, Ø 26 cm, darauf stellen. Teig in die beiden Ringe verteilen und glatt streichen.

Backen: *Vorgeheizt, Heißluft 170°, ca. 15 min, 1. und 3. Schiene*

Nach dem Backen die Ringe mit einem kleinen Messer lösen, die Biskuitplatten auf ein Backpapier stürzen, das mitgebackene Backpapier vorsichtig flach abziehen und die Böden erkalten lassen.

Für die Zitronencreme die Gelatine in kaltem Wasser einweichen. Die Zitronen warm abwaschen und die Schale fein abreiben (ideal: Microplane-Reibe). Zitronensaft pressen. Abgeriebene Schale und Saft in eine Schlagschüssel aus Edelstahl geben und mit Zucker, Butter, Eigelb und Eier über einem Topf mit Wasserdampf erwärmen und mit einem Schneebesen rühren, bis die Masse kocht und dicklich wird. Die Schüssel vom Wasserdampf nehmen und sofort in eine kalte Schüssel füllen. Die ausgedrückte Gelatine in der heißen Zitronencreme auflösen und im Wasserbad abkühlen.

Einen Tortenboden auf eine Platte legen und mit 3 EL Himbeermarmelade bestreichen.

Tortenring anpassen, mit Öl dünn bepinseln, mit Puderzucker bestäuben und wieder um den Tortenboden stellen.

Die Schokoladenmasse aufschlagen, bis sie eine cremig-sahnige Konsistenz hat (Vorsicht – nicht zu lange rühren!) und auf dem Tortenboden verteilen.

Zweiten Tortenboden darüber legen, etwas andrücken und mit 2 EL Himbeermarmelade bestreichen.

Für die Zitronencreme die Sahne steif schlagen und unterziehen. Masse auf den Tortenboden füllen, glatt streichen und die Himbeeren (16 zur Garnitur zurückbehalten) einzeln in die Creme drücken. Torte im Kühlschrank kühlen.

Nach ca. 1 Std. die Kuvertüre mit der Butter schmelzen, in einen kleinen Spritzbeutel füllen. Die 16 Himbeeren auf die Torte legen und mit der Schokolade ein beliebiges Muster auf die Torte spritzen.

Danach noch ca. 2 Std. kühlen.

Ring entfernen und servieren.

Register

Noch mehr Lust auf Süßes?

Schauen Sie in
mein *2. Backbuch*
– es ist im November 2005 erschienen.

144 Seiten mit vielen neuen Rezepten für Kuchen und Schlemmertorten, Kinderkuchen, Weihnachtsplätzchen, Pralinen und Teegebäck – und außerdem: 40 Seiten Desserts von einfach bis raffiniert. Jedes Rezept mit Abbildung.

ISBN 3-89197-010-2 · ISBN 978-3-89197-010-2